GÜTERS DIE
LOHER VISION
VERLAGS EINER
HAUS NEUENWELT

Christian Hennecke

Glauben mit Vision

Sieben kraftvolle Impulse
für dein Leben

GÜTERSDIE
LOHERVISION
VERLAGSEINER
HAUSNEUENWELT

INHALT

Zukunft! Hoffnung! Kirche! Große Worte. Alle mit Ausrufezeichen. Das war der Ausgangspunkt dieses Buches, oder sollte ich besser sagen: eines Weges? Denn es war so unverfänglich unverbindlich, sich doch mal wieder mit meiner Lektorin beim Gütersloher Verlagshaus zu treffen, mit dem Leiter des Verlags und einer weiteren Kollegin. Und wir beginnen zu sprechen, über die Kirche natürlich – und über meine Unlust und meinen Ärger darüber, dass wir uns als Kirchen oft so mangelorientiert in die Depression drehen. Nein, mein Blick ist ja ein anderer: Die Zukunft liegt nicht vor uns, sie hat gerade mit uns begonnen. Und natürlich braucht es einen anderen Blick, der nicht nur das Sterben, sondern auch die Auferstehung der Kirche und des Christentums sieht – heute, wie zu allen Zeiten.

Denn sonst wäre es ein ungläubiger Blick, sage ich. Und hier wandelte sich das Gespräch. Wäre es nicht wichtig, über den Glauben und seine Zukunft zu schreiben? Wie werden wir glauben? Was heißt überhaupt Glauben in Zukunft? Erst dann, hinterher, wäre zu fragen, welche Vision einer Kirche der Zukunft sich ergibt. Und auf einmal wuchs der Energiepegel im Gespräch. Wir begannen, lebendig rumzudenken, neue Perspektiven anzureißen. Ein schöner Moment. Ein Geistmoment.

Und dann fuhr ich nach Hause zurück und dachte: Worauf hast du dich eingelassen – was wird das werden? Über den Glauben habe ich gar nicht so viel nachgedacht, geschweige denn geschrieben. Aber dann wurde

7

mir klar: Auch das Schreiben eines Buches über den Glauben braucht Glauben, Vertrauen, Leidenschaft, Begeisterung – und dies alles kann ich nicht machen. Denn Inspiration ist immer ein Geschenk, die Kraft zum Schreiben auch.

Aber je mehr der Zeitpunkt des Schreibens nahekam, desto spannender wurde es, desto mehr wurde mein Glauben herausgefordert. Ich fing an, mit einer kleinen Idee. Und ich durfte die Erfahrung eines leidenschaftlichen Wachsens machen – und ich merkte, wie die Energie beim Schreiben zunahm. Ja, es machte mir Freude, Glauben neu für mich zu buchstabieren, von den Zukunftserfahrungen her, die in mir sind und mich immer mehr umgeben.

Und am Ende sollte ein Traum stehen. Ein Traum von Kirche. Ja, und dann habe ich zusammengeträumt, was ich mit anderen schon an vielen Stellen zusammenträumen konnte. Kirche heute, Kirche in dieser Zeit. Ich träume eine erneuerte Kirche – eine katholische Kirche, deren Weite anzieht; eine evangelische Kirche, in der das Evangelium neue Blüten auf postmodern kultiviertem Boden treibt; eine orthodoxe Kirche, in der die Tiefe der gewachsenen Tradition heute ein Feuer entfacht; eine freie Kirche – weil anders Kirche nicht zu denken ist. Doch für all das gilt: Diese Zukunft hat schon begonnen und ist im Heute verwurzelt.

Deswegen ist es mit diesem Buch auch so wie mit anderen Versuchen. Ich habe versucht, etwas ins Wort zu bringen, was mich bewegt und was ich vorher schon erlebt habe mit vielen anderen Schwestern und Brüdern. Ich habe so viel gelernt von den Schwestern und Brüdern der vielen Gemeinden, Aufbruchsbewegungen und Kirchen, mit denen ich in den letzten Jahren unterwegs sein durfte und auch künftig sein darf. Und ich bin so dankbar für die Christinnen und Christen der nächsten Generation, der leidenschaftlich Wandernden und Suchenden in allen Kirchen und außerhalb der fest gefügten Bekenntnisse. Danke euch allen – ihr seid die eigentlichen Autoren! Denn in eurem Fragen und Suchen, Gestalten und Kämpfen entwickelt die Geisteskraft Gottes den neuen Weg der Kirche in unserer Zeit.

Ich freue mich, dass ich einen Teil dieser Zukunft jetzt schon erleben darf! Es ist mehr als verheißungsvoll, heute zu glauben und heute Christ zu werden – bei allem, was zurzeit zerbricht. Aber auch das gehört zur Logik eines Glaubens, der Tod und Auferstehung zur Mitte hat.

Danke allen im Gütersloher Verlagshaus, die mich in dieses Abenteuer hineingestupst haben, und vor allem meiner Lektorin Christel Gehrmann.

Dr. Christian Hennecke
Hildesheim, im Herbst 2017

I.
GLAUBENSURSPRÜNGE

Irgendwann fängt Glauben an. Jeder Glauben. Und jeder Glauben hat eine Geschichte, einen Moment, in dem wir uns bewusst werden, dass Gott in unserem Leben ist, dass er sich schon lange wohnlich eingerichtet hat – und dass wir langsam in Worte fassen können, was da eigentlich geschieht, oder besser: geschehen ist. Denn der Anfang des Glaubens ist – so schreibt es einmal der Prophet Jeremia – so eng mit dem Beginn des eigenen Lebens verknüpft, dass die Beziehung zwischen Gott und dem Menschen geradezu grundlegend ist: »Noch ehe ich dich im Mutterleib formte, habe ich dich ausersehen, noch ehe du aus dem Mutterschoß hervorkamst, habe ich dich geheiligt ...« (Jer 1,5)

Der Anfang des Glaubens ist jene ursprüngliche Beziehung mit Gott, aus der dann vielleicht eine Geschichte wird. Ja, denn es ist ein Geschenk, wenn ich entdecken darf, was mich gründet, belebt, antreibt und weiter führt. Notabene: Auch wenn ich es nicht entdecke, ist es ja so ...

Entdeckungen: eine Kurzgeschichte meines Glaubens
Mein Glauben war geprägt. Von meinen Eltern, die ihn mir vorgelebt haben. Wie selbstverständlich bin ich hineingewachsen. Ich habe beten gelernt, ich habe jeden Sonntag Gottesdienst mitgefeiert. Vielleicht habe ich nicht so viel verstanden, aber vielleicht auch viel mehr, als ich denken konnte: dass nämlich das Geheimnis, für das ich keinen Namen hatte und das ich doch immer wieder nah spürte, hier für mich eine Form fand, erste Worte, erste Rituale, in denen ich mich bewegen und beheimaten konnte.

Mich haben später, als Erwachsenen, immer wieder Kinder beeindruckt, die eine so große Glaubenstiefe hatten, dass ihre Eltern nur erschrocken davorstanden und sich wunderten, von wem eigentlich ihre Kinder um Gott wussten. Vielleicht ist dieser Kinderglaube wirklich so unmittelbar, so echt, so »göttlich« und selbstverständlich geerdet, dass es ein Leben braucht, um ihn wieder zu finden.

Dann aber häutete sich mein Glauben. Ich war kein Kind mehr, und ich suchte neu. Gab es dieses Geheimnis überhaupt? Kinderglauben ging nicht mehr. An dieser Stelle angekommen, suchte ich. Zum ersten Mal in meinem Leben. Und ich fragte ernsthaft und nachdenklich: Wenn ich zu diesem Gott bete, wird er mich dann hören? Wer ist dieser Gott überhaupt? Und die Kirche, meine katholische Pfarrei – wieso finde ich hier nicht das Leben, das im Evangelium doch verkündet wird? Und wie würde das eigentlich »praktisch« gehen, den Glauben zu leben? So viele Fragen, so wenig Antworten.

Und unverhoffte Spuren konnte ich entdecken: Da war eine Neugier in mir, das Evangelium zu verstehen. Ich hörte die Texte jeden Sonntag (ja, ich ging mit meinen Eltern mit zur Kirche), aber die Auslegung überzeugte mich selten. Meine Eltern übrigens auch nicht, und deswegen haben wir dann schon bald in unserer Stadt eine andere Gottesdienstgemeinde gesucht. Und hier fanden sich dann Nuggets des Glaubens, kleine Körner, die wir mit nach Hause nahmen, die wir diskutierten.

Und in dieser Zeit hatte ich eine erste neue und persönliche Erfahrung mit diesem Geheimnis, das ich

Gott nenne. In Bonn, im Bonner Münster. Da waren wir als zehnte Klasse unterwegs, und ich besichtigte nichtsahnend diese Kirche, die heute in der Fußgängerzone nahe dem Bahnhof steht. Ich ging hinein und war »gefangen«. Eine ganz neue Erfahrung für mich. Natürlich besichtigte ich die (gar nicht so außerordentlich schöne) Kirche, aber die Atmosphäre war auf einmal wie magisch aufgeladen. Ich spürte, ahnte, fühlte »jemanden«, »etwas«, was mich umgab und umhüllte, mich meinte, mich liebhatte. Ich fühlte mich wohl, geborgen, getragen, wie noch nie in meinem Leben – und wollte diesen magischen Ort nicht verlassen. Ich nahm eine »Schönheit« wahr, die mich hielt.

Ich war gemeint. Aber offensichtlich nur ich. Meine Klassenkameraden gingen auch durch die Kirche, und für sie war es einfach nur eine Kirche wie so manche andere, die man ein wenig gelangweilt besichtigt. Nur mich ließ sie nicht los. Und ich musste unbedingt mitnehmen, was ich hier erlebt hatte. Aber wie? Ich kaufte am Schriftenstand ein Meditationsheft, Symbol und Zeichen meiner Erfahrung. Ja, irgendetwas Berührbares, etwas Fassbares wollte ich mitnehmen, wenn ich nun doch diesen Raum verlassen musste, der für mich so viel mehr war als eine simple (gotische?) Kirche.

Ich habe diese Erfahrung für die nächsten drei Jahre vergessen. Und doch, wenn ich mich heute erinnere, war sie nicht folgenlos. In den kommenden Schuljahren veränderte sich in meinem Leben viel. Ich wurde vom Einzelgänger zum Engagierten in der Schulpolitik, ich entfaltete einige Gaben, von denen ich nie gedacht hatte, dass sie in mir schlummerten. Es wandelte sich **13** etwas. Die Suche blieb. Denn diese Erfahrung konnte ich nicht speichern – auch wenn sie mich untergründig bewegte und ... vielleicht auch führte? Ich engagierte mich auch in der Kirche, denn ich wollte mehr wissen über den Glauben, über Gott und die Kirche. Ich kam mir so unwissend vor – und ich war es ja auch. Wir haben Messen vorbereitet, Diskussionskreise eröffnet, viel geredet und gehandelt – aber all das füllte meine Sehnsucht nicht aus. War sie denn größer geworden? Worin genau bestand sie? Und wie könnte ich sie jemals ins Wort bringen? Eins war klar: Was ich fand, reichte mir nicht aus. Nichts reichte wirklich aus ...

Denke ich über diese Zeit nach, über diese ersten Erfahrungen, die wie Diamanten inmitten von viel Alltäglichkeit bis heute in meinem Leben aufblitzen, dann ist es doch so, dass man sich seinen Glauben gar nicht selbst machen kann. Ich konnte suchen, ich konnte mich ausstrecken, ich konnte mich engagieren, aber das Geheimnis Gottes ist eben nicht handhabbar, ist nicht »erreichbar«. Aber umgekehrt gilt: Es erreicht mich, wann und wo es will. Vollkommen überraschend, gerne auch anonym. Und ich muss es nicht benennen können – und klar ist auch: Erst dann wird es zu einer Geschichte, wenn ich nicht nur die Schönheit und den unbeschreiblichen Glanz erfahre und mich umhüllen lasse, sondern wenn es gelingt, einen Namen zu nennen, der diese Erfahrung zu einem Weg macht.

Man denke an den Propheten Samuel. Ein kleiner Junge soll jüdischer Priester werden in einer dunklen Zeit. Der Autor der Geschichte beschreibt die Krise deutlich: Gott schweigt in dieser Zeit, die Priester sind alt und schwach und blind, die »Lampe Gottes« war aber noch nicht erloschen (vgl. 1. Samuel 3,1-3). Vorher hatte der Autor von einer skandalösen und krisengeschüttelten religiösen Situation berichtet. Religiöser Missbrauch und Heuchelei waren Praxis. Und mitten im wehrlosesten aller Momente, mitten im Schlaf, besucht und ruft Gott den jungen Samuel, der zunächst nichts versteht. Doch – dass jemand ihn ruft, das merkt er, aber mit Gott bringt er das nicht zusammen. Rufen kann nur, wer da ist – und in diesem ganzen Tempel ist des Nachts nur sein Mentor. Also läuft er zu ihm, weckt ihn. Mehrfach. Und mehrfach ist der alte Priester ärgerlich über diese nächtliche Ruhestörung, bis er dann erahnt, was auch ihm abhandengekommen war: dass nämlich Gott gegenwärtig sein kann, überraschend nah, überraschend persönlich. Und da hilft er Samuel, gibt ihm Hinweise und Worte, wie er mit dem Geheimnis Gottes umgehen kann: Er möge antworten, er möge hinhören, er möge seine Bereitschaft erklären: »Rede Herr, denn dein Diener hört ...«

In dieser kleinen Episode wird mir einiges deutlich über das Werden meiner eigenen Gotteserfahrung: Sie ist immer sehr persönlich, du wirst beim Namen gerufen, du weißt, dass es dich betrifft, dass du gemeint bist. Aber sie ist auch verwechselbar mit den übrigen Erfahrungen dieser Welt: Wenn etwas dich anspricht – wieso sollte es Gott sein? Wenn du etwas überwältigend schön findest und gebannt bist vom Glanz des Moments – was hat das zwingend mit Gott zu tun? Wenn du dich angerührt weißt – was sagt dir, dass hier Gott dich anrührt? Es bleibt ein Geheimnis, und ich kann mir gut vorstellen, dass Menschen diesem Geheimnis andere oder gar keinen Namen geben, und auch nicht auf die Idee kommen, auf diese Momente persönlich eine Antwort zu geben. Dazu braucht auch Samuel einen älteren, erfahrenen Mentor, wie schwach der in der Geschichte auch ist. Aber: Er kennt diese Erfahrung und kann als Erfahrener einen Hinweis geben – und zwar so, dass ich selbst antworten kann, wenn ich denn wirklich will ...

Zurück in meine Entdeckungsgeschichte. Ist diese erste Erfahrung so überraschend persönlich und zugleich überraschend unerwartet, so war die zweite so überwältigend, dass daraus alles andere wurde, was in meiner Lebens- und Erfahrungsgeschichte des Glaubens wichtig ist. Spannend ist für mich immer wieder, dass ich das »Ganze« eigentlich schon am Anfang erlebt habe, das Ganze in einer kleinen Erfahrung – aber dieser Anfang hat mich ganz neu geprägt und entfaltet sich durch die Zeit, und mit diesen Entfaltungen lebe ich bis heute, lerne damit umzugehen und versuche bis heute, sie zu verstehen.

Dabei ist doch eigentlich alles ganz einfach. Ganz einfach wunderbar. Durch einen Zufall lande ich bei einem Jugendwochenende des Bistums. Schon vorher hatte ich mich an Wochenenden mit einer Gruppe von jungen Leuten des Bistums zur politischen Bildung getroffen. Jetzt hatte mich der Referent eingeladen, ein Wochenende später noch einmal zu kommen. Da seien viele Jugendliche zu einem religiösen Treffen zusammen, und es sollte eine Videoreportage als Schlussreflexion gedreht werden. Ob ich wohl Lust hätte? Hatte ich, mich interessierte damals schon die Videotechnik – und ich wollte Journalist werden. Also fuhr ich dort hin.

Und ich erlebte eine ungeheure Überraschung. Denn ich kam als Fremder an diesen Ort und erlebte etwas völlig Neues: In der Gemeinschaft dieser 150 jungen Leute war eine Atmosphäre, die anders war als alles, was ich bisher kannte. Obwohl ich niemanden kannte, fühlte ich mich zuhause. Und ja, ich war auch wieder umhüllt von besonderer Wärme. Es war eine Offenheit und ein Beziehungsreichtum spürbar, der mich anzog. »Dort muss ich wieder hin«, berichtete ich meinen Eltern mit glänzenden Augen. Und so war es auch. Jeden Monat bin ich neu zum Wohldenberg gefahren, und immer wieder war da diese Atmosphäre, diese besondere Dichte in den Beziehungen zwischen Menschen, die sich doch gar nicht gut kannten, diese ungeheure Offenheit und zugleich Geborgenheit – obwohl ich ja anfangs niemanden kannte. Das war so »schön«, dass es mich nicht mehr loslassen konnte.

Was war das? Was hatte ich erlebt? Was hatte mich so ergriffen? Ich wusste nur, dass ich da immer wieder hin wollte. Doch einige Monate später erlebte ich diese besondere Erfahrung an einem ganz anderen Ort. Jemand hatte mich zu einem Treffen von Jugendlichen in Hannover eingeladen. Und wieder waren mir alle fremd, und ich stellte mir vor, wie ich als Einzelgänger dort einen ganzen Tag vor mich hin »einzelgängern« würde. Nichts schrecklicher als das. Eigentlich wollte ich nicht. Ein kleines Drama drohte im Vorfeld: Denn meine Mutter drängte mich ein wenig: »Es wird bestimmt gut!«. Mit gemischten Gefühlen ließ ich mich darauf ein. Also fuhr ich mit einer kleinen Gruppe im VW-Bus von Göttingen nach Hannover. Kein Wort wurde gewechselt, wir kannten uns nicht. Die Atmosphäre war ein wenig schwer. Glänzende Aussichten, dachte ich schicksalsergeben.

Doch der Tag verlief ganz anders. Aber das merkte ich erst, als er zu Ende war. Ich war ganz überrascht, denn ich, der total Schüchterne, hatte den ganzen Tag mit Menschen gesprochen, die ich nicht kannte. Und ich hatte mich unglaublich wohlgefühlt. Die Atmosphäre hatte es ermöglicht, mit jedem und jeder über Gott und die Welt zu sprechen. Ich fühlte mich wohl, ergriffen, und war begeistert. Und ich wusste: Das hatte ich immer gesucht. Ich hatte keine Gemeinschaft gesucht, aber ich hatte Verbundenheit gefunden, Offenheit, Ehrlichkeit, Freiheit – Lust auf mehr und Freude. Und dann war da noch etwas. Da war irgendwie Gott. Im Hintergrund, im Dazwischen, im Miteinander – da war dieser Gott auf einmal deutlich spürbar da. *Er* war die Atmosphäre, die Mitte dazwischen, der Zwischenraum, nicht der Lückenbüßer, sondern der Lückenfüller. *Er* war die Konnektivität, das Verbindende und Einende inmitten von Menschen, die sich vorher gar nicht gekannt hatten. Das war mir vorher nie bewusst gewesen. Und doch: Es war das, wonach ich gesucht hatte. Auf einmal öffnete sich etwas mehr von dem Geheimnis Gottes selbst. Es brauchte keinen Gott, der sich willkürlich zeigte und vielleicht dem einen oder anderen seine gnädige Liebe offenbar machte – es gab keinen Gott mehr für mich, der auch strafen konnte, wenn er mich bei etwas erwischte. Nein, dieser Gott mit seiner Liebe zeigte sich mitten unter den Menschen.

Ich war begeistert. Das war und ist mein visionärer Schlüsselpunkt, mein prägendes Grunderlebnis, der Ausgangspunkt meiner Theologie, meines Lebensweges – eigentlich alles. Das wusste ich damals aber nicht. Und ich konnte es auch nicht in Worte fassen. Aber alles hatte sich verändert, wie mir auf dem Heimweg klar wurde. Nur was genau das bedeutete, und wie ich darauf eine Antwort geben konnte (was ich ja auch wollte), das wusste ich auch nicht. Es ging mir wie Samuel ... Also fragte ich den Fahrer des Bullis: »Wie macht ihr das, geht das auch in Göttingen?« – »Wir leben das Evangelium«, sagte er, »du kannst kommen.« ... – Noch nie vorher hatte ich eine solche Wortverbindung gehört, »das Evangelium leben«, aber es war ja egal: Wenn am Ende diese Erfahrung steht ... dann wollte ich mich auch darauf einlassen.

Und wirklich: Das ist meine Vision des Glaubens, das ist mein Glauben mit Vision. In dieser Geschichte ist im Kern alles enthalten, was mich bis heute weiterbewegt hat, und was ich weiterdenken musste. Das Erstaunliche daran ist, dass diese Erfahrung mit dem zusammenklingt, was in der Bibel als großes Zielbild beschrieben wird: »Seht, die Wohnung Gottes unter den Menschen. Er wird bei ihnen wohnen, und sie werden sein Volk sein, Gott wird bei ihnen sein ...« (Offenbarung 21,3)

Meine Faszination für Dietrich Bonhoeffer

Irgendwann, eigentlich relativ spät, stieß ich in meinem Theologie-Studium auf Dietrich Bonhoeffer. Natürlich hatte ich sein Lied schon oft gesungen: »Von guten Mächten wunderbar geborgen ...« Ich hatte gestaunt über seinen Glauben, der sich Ende 1944, den sicheren Tod vor Augen, in diesem Lied widerspiegelt. Aber ich kannte ihn und sein Denken noch nicht.

Doch dann stieß ich auf die Briefe aus der Haft, die in »Widerstand und Ergebung« gesammelt sind, und auf die Glaubensperspektive, die sich hier bot. Und ich war vollends gebannt. Hier zeigte sich eine erregende Glaubenstheologie, neue Gedanken, die mich sofort einstimmen und zustimmen ließen. Hier formulierte einer brillant, was ich nie so hätte sagen können – es fehlten mir die Worte, aber die Gedanken, die dahinterlagen, die konnte ich nachvollziehen, die waren irgendwie schon in mir.

Bonhoeffer erahnte eine neue Epoche, eine neue Zeit, in der auch der Glauben (und damit der ganze Rest des Christentums, der Kirche und alles in ihr) neu justiert und beschrieben werden müsse. Das ist mehr als spannend, denn immerhin liegen zwischen seinen Intuitionen und unserer heutigen Situation fast 70 Jahre – und doch: Mir schien am Ende meines Studiums wie auch heute, 25 Jahre später, dass diese Intuitionen genau jenen Wandel im Glaubensverständnis ansprechen, in dem wir heute auch stehen.

Bonhoeffer beschreibt schon im ersten der anregenden theologischen Briefe, dass eine neue Zeit im Kommen ist, in der der Glauben nicht mehr »religiös« ausgedrückt werden kann. Damit meint Bonhoeffer nicht die Substanz des Glaubens – das ist die Begegnung mit Jesus Christus – wohl aber das »Gewand«, die »Gestalt«, die »Form« des Glaubens. Die ist, so denkt er, »nichtreligiös« zu fassen. An der Wortwahl merkt man schon, dass vor Bonhoeffer ein Weg liegt. Es ist leichter zu fassen, wie das Christentum sich nicht mehr fassen lässt – als das Neue zu beschreiben, was kommt. So sind es vor allem Fragen, die ihn bewegen. Und das genau fasziniert: der Mut des ausbrechenden Denkens, der Mut, sich auf die neue Welt einzulassen, von ihr zu lernen und so sprachfähig für Menschen zu werden, die im Begriff sind, alles traditionelle Christsein hinter sich zu lassen, nicht mehr nur von den Resten einer wie auch immer gearteten Christlichkeit zu leben – und dennoch als Fremdgewordene suchen nach der Begegnung mit dem Geheimnis. Bonhoeffer fragt: »Wenn die Religion nur ein Gewand des Christentums ist … – was ist dann ein religionsloses Christentum … Was bedeutet eine Kirche, eine Gemeinde, eine Liturgie, ein christliches Leben in einer religionslosen Welt? Wie sprechen wir von Gott – ohne Religion … Wie sprechen wir (oder vielleicht kann man eben nicht einmal mehr davon ›sprechen‹ wie bisher) ›weltlich‹ von ›Gott‹, wie sind wir ›religionslos-weltlich‹ Christen, wie sind wir ek-klesia, Herausgerufene, ohne uns Religiöse als Bevorzugte zu verstehen, sondern vielmehr als ganz zur Welt Gehörige«. (Brief vom 29.4.1944, in Widerstand und Ergebung, DBW 8, 404f.)

Religiös vom Glauben sprechen: Was Bonhoeffer nervös macht und irritiert, ist ein Denken in zwei Welten, einer religiösen-kirchlichen Welt mit ihrer Sprache – und dem weltlichen Leben. Glauben ist aber eben nicht eine Sonderwelt oder Hinterwelt, er ist keine nachträgliche Deutung der Wirklichkeit, sondern eben ganz anders: Christus ist mitten in dieser Welt, er ist die Mitte, nicht etwas Zusätzliches. Und damit aber wird der Glauben richtig weltlich und zu glauben ein Weg, in dieser Welt zu leben.

Bonhoeffer meint, dass von daher die gesamte Tradition und der gesamte Inhalt des Christentums neu bedacht werden muss: Was heißt Kirche? Wie kann die Heilige Schrift verstanden werden? Was meint eigentlich die Begegnung mit Jesus Christus? In einem seiner Briefe reflektiert Bonhoeffer darüber besonders intensiv. Er stammt vom 21. Juli 1944. Es ist der Tag nach dem gescheiterten Attentat auf Hitler. Bonhoeffer ahnt, dass er – verwickelt in diesen Anschlag – mit dem Leben nicht mehr davonkommen wird. Da schreibt er an seinen Freund Eberhard Bethge und lässt gewissermaßen seinen Glaubensweg Revue passieren.

Denn er hat immer und intensiv gesucht. Auch Bonhoeffers ursprüngliche Glaubenserfahrung ließ ihn zunächst sprachlos. Es war eine Erfahrung der Gegenwart Christi inmitten von Menschen, eine Erfahrung von »Kirche«, noch dazu in Rom. Eine Erfahrung zum Nachdenken, die ihn sein ganzes Studium verfolgen sollte. Er prägte damals schon die Formel, dass es eine Gegenwartsform Christi gäbe, die er »Christus als Gemeinde existierend« nannte. Und einige Jahre später versuchte er dann, zuerst mit Studentinnen und Studenten aus Berlin, später mit Vikaren der Bekennenden Kirche, ein Leben in dieser Wirklichkeit aufzubauen: Das Predigerseminar in Finkenwalde bei Stettin war ein Experiment, das er später in den beiden Büchern »Nachfolge« und »Gemeinsames Leben« reflektiert hat.

Darüber denkt er am 21. Juli 1944 nach und sieht rückblickend seinen Weg der Suche an. Und er ist kritisch. Denn er merkt, dass er diesen seinen Weg noch in einer klassischen Form religiös konnotierte. Nun aber, am Ende seines Suchens, schreibt er: »Ich habe in den letzten Jahren mehr und mehr die tiefe Diesseitigkeit des Christentums kennen- und verstehen gelernt; nicht ein homo religiosus, sondern ein Mensch schlechthin ist der Christ ... Ich erinnere mich eines Gespräches, das ich vor 13 Jahren in Amerika mit einem französischen jungen Pfarrer hatte. Wir hatten uns ganz einfach die Frage gestellt, was wir mit unserem Leben eigentlich wollten. Da sagte er: Ich möchte ein Heiliger werden ...; das beeindruckte mich damals sehr. Trotzdem widersprach ich ihm und sagte: Ich möchte glauben lernen. Lange Zeit habe ich die Tiefe dieses Gegensatzes nicht verstanden. Ich dachte, ich könnte glauben lernen, indem ich so etwas wie ein heiliges Leben zu führen versuche ... Später erfuhr ich, und ich erfahre es bis zur Stunde, dass man erst in der vollen Diesseitigkeit des Lebens glauben lernt. Wenn man völlig darauf verzichtet hat, aus sich selbst etwas zu machen ... und dies nenne ich Diesseitigkeit, nämlich in der Fülle der Aufgaben, Fragen, Erfolge und Misserfolge, Erfahrungen und Ratlosigkeiten leben, dann wirft man sich Gott ganz in die Arme, dann nimmt man nicht mehr die eigenen Leiden, sondern das Leiden Christi in der Welt ernst, dann wacht man mit Christus in Gethsemane, und ich denke, das ist Glaube, das ist metanoia, und so wird man ein Mensch, ein Christ ...« (Brief vom 21. Juli 1944, ebd. 541f.)

Das ist aufregend und spannend: Glauben ist ein leidenschaftlicher Lebensvollzug in der Spur Christi. Er wächst aus der Begegnung mit Jesus Christus und führt hinein in die Alltäglichkeit des Lebens, die ein Hineingenommenwerden in die leidenschaftliche Liebe Jesu Christi zu den Menschen ist.

Es ist doch erstaunlich: Am Ende eines theologisch fruchtbaren Lebens, am Ende eines entschiedenen Weges des Glaubens, schreibt Bonhoeffer, dass er sein Leben unter der Überschrift sieht, dass er glauben lernen will. Er versteht sich als Lernender auf dem Weg des Glaubens. Und er versteht Glauben als »weltlich Ding«, als Sich-Hineinstellen in den Weg Jesu, der selbst mitten in der Welt steht. Und die Begegnung mit Jesus Christus ist keine »fromme« und »spirituelle« im Sinne einer Sonderwelt, die Kraft gibt für den Weg ins Leben, sondern ein Mit-Christus-gehen, ein Hineingerissen werden in den Weg Jesu.

Das ist erstaunlich praktisch und erschütternd zugleich. Denn Bonhoeffer hatte das schon 1939 vollzogen. Er hatte seinerzeit die Chance, noch vor dem bevorstehenden Krieg in die USA überzusiedeln. Er fuhr mit dem Schiff dorthin ... und kehrte mit dem nächsten Schiff zurück. Eine Unruhe hatte ihn schon beim Losfahren ergriffen. Und als er angekommen war, bewegte ihn die biblische Losung des Tages zur Umkehr. Denn, so sagte er später, er könne nicht am Wiederaufbau Deutschlands teilhaben, wenn er nicht auch die Zeiten des Untergangs (Bonhoeffer rechnete fest mit einer Niederlage Hitlers) durchleben würde. Kaum in Deutschland zurückgekehrt wirkte er am Widerstand gegen Hitler mit. Dieses politische Handeln gründet bei Bonhoeffer in seinem Glauben – ja, es ist der Vollzug seines Glaubens, der eben darin besteht, sich mit hineinreißen zu lassen in den Weg des Leidens Jesu. Diese scheinbar mystisch-fromme Ausdrucksweise ist aber hoch weltlich. Eben kein frommer Rückzug, sondern eine Hinwendung in die schmerzhaften Weltwirklichkeiten, die aber gerade Vollzug des Glaubens an Jesus Christus sind.

Für Bonhoeffer also ist der Glauben keine Sonderwirklichkeit neben dem Leben, sondern die Lebenswirklichkeit. Und die Begegnung mit Jesus Christus ist eine verwandelnde Lebensperspektive. Dabei werden die Geschichte, das Miteinander mit den Menschen und gerade auch der Weg Jesu in dieser Welt zum Ort und Vollzug des Glaubens.

Mich fasziniert diese Perspektive. Denn auf diese Weise präzisiert sich fortschreitend die Grunderfahrung des Glaubens, die mich selbst auf den Weg lockte. Mitten im Leben, in den Höhen und Tiefen, in der Alltäglichkeit der Einsamkeit, aber eben gerade auch in der Atmosphäre einer ganz normalen Gemeinschaft von verschiedenen Menschen scheint die Gegenwart Gottes neu auf, wird die Geschichte Jesu Christi lebendig.

Ja, Glauben braucht eine solche Vision. Damit ist nichts gegen Frömmigkeit und Spiritualität gesagt. Ganz zweifellos braucht es Ausdrucksformen und Traditionsgestalten, braucht es Liturgie und Volksfrömmigkeit, um einen kulturellen und ganzheitlichen Zugang zum Glaubensvollzug zu erlangen. Bonhoeffer selbst war ein tiefer Beter, liebte die Liturgie und las selbstverständlich die Heilige Schrift. Er war fest verwurzelt in seiner lutherischen Tradition – aber diese ganze Tradition war ihm Kraft und Quelle für den Vollzug des Glaubens.

Damit ist auch nichts gegen jedwede kirchliche Gestalt des Glaubens gesagt. Bonhoeffer war von Anfang an –

und das hatte mich eben von Anfang an so fasziniert –
vertraut mit der Gegenwartsweise Christi, der Menschen verbindet und sammelt. Doch zugleich hatte er
ein Misstrauen: Kirche ist keine Gemeinschaft der Be-
vorzugten, keine Sonderwelt neben der Welt, sondern
jener Raum der Gegenwart Gottes und seines Geistes,
der den Glauben in seine Hingabebewegung führt: »Kirche ist nur Kirche, wenn sie für andere da ist« – das ist
sein bekannter Slogan, der aber nichts anderes sagen
will, als dass die gesamte Gemeinschaft der Glaubenden einbezogen ist in die Bewegung der Leidenschaft
Christi für alle Menschen.

Deswegen ist die Glaubensvision Bonhoeffers immer
auch eine Vision der Kirche – mit ungeheuerlichen Konsequenzen. Schon ganz am Anfang seines theologischen
Weges wollte Bonhoeffer nach Indien, zu Mahatma
Gandhi und seinen Ashram reisen. Er hoffte, dort die
Kirche zu finden, die er vorher in einer mystischen Erfahrung bei einem Besuch in Rom entdeckt hatte. Dabei
war es ihm offensichtlich nicht wichtig, ob er dort Christen vorfand. Er wusste ja, dass Gandhi ein Hindu war.
Aber er vermutete dort jene Atmosphäre des Lebens,
die die Gegenwart Christi qualifiziert. Die Grenzen der
Konfessionen und der Religionen sind hier schon in voller Neubestimmung. Am Ende seiner Glaubenswande-
rung formuliert Bonhoeffer skizzenhaft, dass er auch
die konfessionellen Unterschiede zwischen katholisch
und evangelisch für »überholt« hält: »Gegensätze sind
nicht mehr echt«, formuliert er im August 1944. Das
sind starke Aussagen, aber sie sind nicht einfach Hypo-
thesen für eine mögliche Zukunft – er hatte sie schon
erfahren: Auf den Wegen des Widerstands gegen Hitler

hatte er sein gläubiges Zuhause in allen Konfessionen gefunden – und über sie hinaus. Was dann in diesem Zusammenhang des Glaubensvollzugs die unterschiedlichen Traditionen christlicher Konfession bedeuten, und was es bedeuten kann, dass die Grenzen der Kirchlichkeit nicht mit den Grenzen der Konfessionen, ja der Religionen zusammenfallen, das bietet einen Horizont des Glaubens, der faszinierend ist.

Für mich ist diese Glaubensvision Bonhoeffers leitend geworden. Sie drückt sich gut aus in dem visionären Satz, den Bonhoeffer in der »Ethik« formulierte: »Je ausschließlicher wir Christus als unseren Herrn erkennen, desto mehr enthüllt sich uns die Weite seines Herrschaftsbereiches.« (Ethik, DBW 6, 402)

Die Auferstehung Roms

Am Ende meiner Promotion über Bonhoeffer kehrte ich 1995 nach Deutschland zurück. Ich wurde Pfarrer. In Achim bei Bremen, einer kleinen Stadt mit einer katholischen Pfarrei, die bestimmt 400 Quadratkilometer umfasste. Wenig Katholiken. Viel Fläche. Und ich hatte viele Fragen. Vor allem aber eine grundlegende Zukunftsfrage – eine Zukunftsfrage an mich. Bislang hatte ich immer in Gemeinschaft gelebt, wie würde ich alleine zurechtkommen? Und wie würde es gelingen, in dieser Umbruchszeit der Kirche, eine echte Gemeinschaft der Glaubenden gut zu begleiten und zu entwickeln?

Da stieß ich auf einen Text von Chiara Lubich, den ich vorher noch nie wahrgenommen hatte. Meine prägende Glaubenserfahrung war ja die Begegnung mit dem Geheimnis Gottes inmitten der Menschen gewesen, und ich war danach ganz selbstverständlich diesem spirituellen Weg gefolgt: Das Evangelium zu leben – das hatte sich mir immer mehr erschlossen als ein Weg in Gemeinschaft, und ich durfte die Erfahrung machen, wie aus der Grundwirklichkeit des auferstandenen Christus das ganze Evangelium neu durchbuchstabiert und entschlüsselt werden kann – und vor allem: wie dieses Evangelium Leben wird. Die »Fokolarbewegung«, der ich dies verdanke, ist eine der vielen geistentsprungenen Erneuerungsbewegungen, die es in den Kirchen gibt. Die italienische Gründerin dieser Gemeinschaft, die ich selbst noch kennenlernen durfte, war eine Mystikerin, die den christlichen Glauben mitten in der Welt bezeugen wollte. Ende der 40er-Jahre hatte sie mit ihren ersten Gefährtinnen und Gefährten aber eine solch dichte Gotteserfahrung während einer Ferienzeit in den Dolomiten erlebt, dass sie gar nicht mehr zurückkehren wollte. Es war ein Politiker der damaligen »Democrazia Cristiana«, der sie zurückholte: »Du darfst diese Erfahrung nicht für dich behalten – sie ist für alle Menschen«, sagte ihr Igino Giordani. Und so kehrten sie nach Rom zurück, mit Wehmut im Herzen, denn diese paradiesische Zeit war vorbei. Weil sie spürten, dass er recht hatte: Es galt, diesen Schatz weiterzugeben.

In diesem Kontext entstand die Meditation, die den anspruchsvollen Titel »Die Auferstehung Roms« trägt. Sie hat mich wesentlich in meinem Glaubensverständnis geprägt. Denn es wird hier sehr deutlich, dass Glauben eine neue Art des Sehens bedeutet. Es geht darum, mit den Augen Gottes zu sehen. Was für ein Anspruch, und doch erwächst aus der Begegnung mit Christus und in der neuen Wirklichkeit des Glaubens eine prägende

Handlungsperspektive, die die Wirklichkeit der Menschen verändert.

Chiara Lubichs Nachdenken beginnt mit einem Blick – auf die Welt, auf die Lebenswelt zu schauen, wie sie wirklich ist, das ist der Ausgangspunkt: Sie sieht die Ambivalenzen, sie sieht die krasse Wirklichkeit: »Im krassen Gegensatz beherrscht die Welt mit ihrem Schmutz und ihrer Eitelkeit die Straßen und noch mehr in den verborgenen Winkeln der Häuser, wo es Zorn, Aufruhr und Sünden jeder Art gibt.« (Den ganzen Text findet man in: Chiara Lubich, Alles besiegt die Liebe. Betrachtungen und Reflexionen, München 1998.)

Eine unheilige Welt. Die Welt aller Zeiten, und damit auch die Welt Jesu Christi, in der er liebte, lebte, litt und starb. Hier könnte – wie in vielen Kontexten der Kirche heute möglich – ein Abgesang beginnen: auf die Welt, die nicht mehr christlich ist, auf die Worte des Evangeliums, die ungehört verhallen, auf den bösen Säkularismus, auf die Gotteskrise dieser Welt ... Aber das passiert in dieser Betrachtung nicht. Oder besser: Ein erster und normaler Blick kann nichts anderes sehen als den Niedergang. Aber dann geschieht in ihr eine Umkehr des Sehens. Chiara erkennt, dass Gottes Sehnsucht eben darin besteht, dass die Menschen selbst den Himmel entdecken. Er musste, so schreibt sie, »ihnen die Freude lassen, den Himmel in Freiheit zu gewinnen«. Sie sind dann Menschen, wenn sie »Mitschöpfer des eigenen Glücks« werden.

Und damit beginnt das Neue. Schon Jesus hat diese Sehnsucht Gottes nach dem Menschen anders beantwortet als durch eine Verdammung der Welt, dem

Nichtigen und Vergänglichen in ihr. Schon Jesus hatte aus der Kraft der Liebe auf diese Welt geschaut, und mit diesem liebenden Blick die Welt verwandelt. Und genau das ist – so Chiara – Glauben: mit dem Feuer der Liebe, die Gott ist, auf die Welt zu schauen. Es geht darum, von innen her mit der Liebe zu schauen, die neues Leben zeugt. Es geht um einen hervorbringenden und lebensstiftenden Blick: »Aber dann schaue nicht mehr ich, sondern Christus blickt durch mich auf die Welt. Und er sieht auch heute Blinde, denen er das Augenlicht, Stumme, denen er die Sprache, und Lahme, denen er die Beweglichkeit geben will. Menschen sind wie Blinde, wenn sie nicht fähig sind, Gott in sich und um sich herum wahrzunehmen; Menschen sind wie Taubstumme, wenn sie das Wort Gottes nicht hören, das er in ihnen spricht, und wenn sie sein Wort nicht weitergeben, um ihnen den Zugang zur Wahrheit eröffnen; Menschen sind wie Lahme, wenn sie den göttlichen Willen nicht erkennen, der sie im Innersten ihres Herzens zur ewigen Bewegung bringt, zur ewigen Liebe, dorthin, wo man selbst Feuer fängt, wenn man andere ansteckt ...«

Ein Wahnsinnstext, wenn auch – durch seine Sprache – nicht ganz einfach zu dekodieren: Glauben heißt hier also sehen lernen, mit einem Blick geradezu göttlicher Liebe, der grenzenlos heilt, und hofft, und liebt. Es ist ein geschenkter Blick – denn wir als Menschen schauen nur begrenzt so: bestenfalls auf unsere Kinder und Freunde, aber hier wird der liebende Blick entgrenzt und wird wirksam im Schauen auf den Nächsten. Es ist kein optimistischer Blick, keine Rosabrille, sondern ein Blick, der wahrnimmt, dass im anderen die Liebe lebt und wachsen und wachwerden und heilen will:

»Wenn ich also die Augen öffne für das, was draußen ist, sehe ich die Menschheit mit den Augen Gottes, der alles glaubt, weil er Liebe ist. Ich finde in den Anderen dasselbe Licht wieder, das auch in mir leuchtet, dieselbe göttliche Wirklichkeit, mein eigentliches Sein (auch dann, wenn es in ihnen verschüttet ist oder aus Scham verborgen wird). Und wenn ich mich im anderen wiedergefunden habe, vereine ich mich mit mir und erstehe – Liebe ist Leben – im anderen auf.«

Wenn Glauben also schöpferisches Sehen ist, wenn Glauben hervorbringendes Lieben ist, wenn Glauben dann Zellen und Gemeinschaften der Liebe bildet, dann hat er Weltrelevanz: »Auch im anderen ersteht Jesus, ein anderer Christus, ein anderer Gottmensch. Er ist Ausdruck der Güte des Vaters hier auf Erden, das Auge Gottes, das auf die Menschheit blickt. So weitet sich das Leben Christi in mir auf den anderen aus. Eine Zelle des Leibes Christi wird lebendig, ein Feuerherd Gottes beginnt zu brennen, dazu bestimmt, sich auszubreiten und Licht zu geben.«

Es entstehen »kleine Zellen« der Verbundenheit, der wechselseitigen Liebe, die ihrerseits Gottes lebendige Beziehungswirklichkeit, die wir Dreifaltigkeit nennen, bezeugen und erstrahlen lassen. Für Chiara Lubich wird hier Christentum geradezu neu definiert aus einer Praxis des Glaubens, die sich nicht von spirituellen Formen oder institutionellen Traditionen ableitet, sondern aus einem Glauben, dessen Praxis hervorbringende und einende Liebe ist: »Doch damit das Christentum heute nicht blasse Kopie von Vergangenem ist, braucht es den Mut, sich nicht auf andere Mittel einzustellen oder diese zumindest als zweitrangig zu betrachten. Wir sind aufgerufen, Gott in uns wieder Leben zu schenken und Ihn auf die anderen überfließen zu lassen wie einen Lebensstrom, der Tote zum Leben erweckt. Und dann Ihn unter uns lebendig halten durch die gegenseitige Liebe. Einander lieben ist nichts Aufsehenerregendes, lieben bedeutet sich selbst sterben, und dieser Tod ist Schweigen, Leben in Gott. Und Gott ist das Schweigen, das spricht.«

Die Perspektive, die sich hier öffnet, ist schon atemberaubend: Denn zum einen wird in diesem Text nicht Bezug genommen auf das Miteinander von Christen – alle Menschen sind gemeint. Zum anderen wird Glauben hier nicht zu einer traditionellen Praxis von Formen degradiert, sondern zu einer Beziehungspraxis, die im Dienst des Wachstums und Werdens der Personen steht. Sie ist eine Praxis der sich ausbreitenden Menschwerdung, eine Praxis des gemeinsamen Menschseins. Von einer verfassten Kirche wird hier gar nicht gesprochen – denn es kommt nicht zuerst auf eine institutionelle Einbindung an, sondern auf das Leben, auf das Leben wechselseitiger Beziehung, in der und aus der das Christentum (und vielleicht auch seine Tradition) neu wachsen kann und der alle »Institution« dient.

»Dann verändert sich alles grundlegend: Politik und Kunst, Schule und Religion, Privatleben und Freizeit, alles. Gott ist in uns nicht wie das Kruzifix, das manchmal gleich einem Talisman an der Wand des Klassenzimmers hängt ... Er ist das Leben, die Fülle des Lebens, nicht nur eine religiöse Angelegenheit. Es ist eine praktische Irrlehre unserer Zeit, dass man Christus vom menschlichen Leben mit all seinen Schattierungen ausschließt. Der Mensch wird dadurch degradiert. Und Gott, der Vater, wird aus dem Leben seiner Kinder verbannt.«

Aber, dieses Christentum ist dann nicht zuerst religiös oder auch konfessionell – es ist eine im Herzen der Menschen verwurzelte und zwischen den Menschen sich entfaltende Lebenspraxis. Es ist eine Praxis der Liebe, die aus dem Geschenk lebt, das Gott in uns ist. Glauben heißt in diesem Kontext, diese Wirklichkeit als Wirklichkeit anzunehmen und ihr entsprechend zu leben.

Diese Erfahrung, die Chiara Lubich hier formulierte, hat mich auf meinem Glaubensweg tief berührt und sich geradezu eingebrannt in mein Herz. Hier erschloss sich mir auch, was »Mystik« eigentlich meint: Es geht nicht um abgehobene Sonderwelten, um religiöse Spitzenerfahrungen, die einigen wenigen vorbehalten sind, sondern es geht eigentlich um einen tiefen Einblick in die Wirklichkeit, der nicht folgenlos bleibt: Wenn nämlich die Wirklichkeit so tief geprägt ist von der Liebe, dann geht es nur darum, ihr entsprechend zu lieben. Allerdings setzt das voraus, dass der Glauben nicht zu verstehen ist als Summe christlicher Werte und Normen, als Ansammlung von geistlichen Praxen, als kirchliches Tun, sondern viel grundlegender als Kunst des Sehens, als Kunst des hervorbringenden Blickes, die im Blick göttlicher Liebe wurzelt.

Und das hat für mein Verstehen des Glaubens Konsequenzen. Ich mag katholisch, und ich bin es. Ich liebe meine Tradition – aber Kirche und kirchliche Tradition sind Mittel, Gestalten und Orientierungen, die dazu dienen, aus dieser Liebe zu sehen und zu handeln, also zu glauben. Und natürlich gibt es unterschiedliche »Sehhilfen«, unterschiedliche Traditionen – aber sie alle haben ein Ziel: diese Liebe ins Leben zu bringen.

Das ist in der Tat eine machtvolle Vision des Glaubens. Deswegen hatte sie mich in meiner neuen Pfarrei auch so angesprochen. Aber sie hat mir nicht nur gedient, pastorales Handeln in einen weiteren Kontext zu stellen, sondern auch, meinen Glauben neu zu durchdenken und zu leben zu versuchen. Das Spannende daran war und ist, dass damit auch die eigene kirchliche Tradition in ein neues Licht gerät und neu geboren werden kann. Ja, mein eigener ererbter und gefundener Glauben, mein theologisches Nachdenken ist so in ein neues Licht gerückt, und dieser Prozess ist noch nicht am Ende.

Aber auch die Zukunftsvision der Kirche speist sich von hierher. Klar wird, dass ich sie nie verstehen kann als eine festgeschraubte Institution. Klar ist, dass Kirche für mich ein fluider und doch verwurzelter Lebensprozess ist, der die Konfessionen übersteigt, die Traditionen wertschätzt, und die institutionelle Dimension in ihr Eigenes setzt: die Quelle offenzuhalten, aus der ein Leben strömt, dass immer weiter sich ausbreiten will. Kirche ist – so sagt es das Zweite Vatikanische Konzil – in Christus »Zeichen und Werkzeug der Einheit Gottes mit der Menschheit und der Menschen untereinander« (Lumen Gentium 1). Also ein Sich-Vollziehen, ein Geschehen, ein Ereignis zwischen den Menschen, im

Dienst an allen Menschen, damit alle aus dieser tiefen Wirklichkeit leben können.

Sie realisiert sich an unterschiedlichsten Orten, in unterschiedlichsten Lebenswelten und Milieus, kleinen und großen Lebensgestalten, überall dort, wo diese Liebe hingelangt.

Eine prophetische Vision
Mich erinnert diese Perspektive an einen biblischen Text, der mir in den vergangenen Monaten nahegekommen ist. Ein alttestamentlicher Prophet, Ezechiel, beschreibt eine eigene Erfahrung im 47. Kapitel, fast am Ende dieses außergewöhnlichen Prophetenbuches:

Dann führte er mich zum Eingang des Tempels zurück und ich sah, wie unter der Tempelschwelle Wasser hervorströmte und nach Osten floss; denn die vordere Seite des Tempels schaute nach Osten. Das Wasser floss unterhalb der rechten Seite des Tempels herab, südlich vom Altar. Dann führte er mich durch das Nordtor hinaus und ließ mich außen herum zum äußeren Osttor gehen. Und ich sah das Wasser an der Südseite hervorrieseln. Der Mann ging nach Osten hinaus, mit der Messschnur in der Hand, maß tausend Ellen ab und ließ mich durch das Wasser gehen; das Wasser reichte mir bis an die Knöchel. Dann maß er wieder tausend Ellen ab und ließ mich durch das Wasser gehen; das Wasser reichte mir bis zu den Knien. Darauf maß er wieder tausend Ellen ab und ließ mich hindurchgehen; das Wasser ging mir bis an die Hüften. Und er maß noch einmal tausend Ellen ab. Da war es ein Fluss, den ich nicht mehr durchschreiten konnte; denn das Wasser war tief, ein Wasser, durch das man schwimmen musste, ein

Fluss, den man nicht mehr durchschreiten konnte. Dann fragte er mich: Hast du es gesehen, Menschensohn? Darauf führte er mich zurück, am Ufer des Flusses entlang. Als ich zurückging, sah ich an beiden Ufern des Flusses sehr viele Bäume. Er sagte zu mir: Dieses Wasser fließt in den östlichen Bezirk, es strömt in die Araba hinab und läuft in das Meer, in das Meer mit dem salzigen Wasser. So wird das salzige Wasser gesund. Wohin der Fluss gelangt, da werden alle Lebewesen, alles, was sich regt, leben können und sehr viele Fische wird es geben. Weil dieses Wasser dort hinkommt, werden (die Fluten) gesund; wohin der Fluss kommt, dort bleibt alles am Leben ... An beiden Ufern des Flusses wachsen alle Arten von Obstbäumen. Ihr Laub wird nicht welken und sie werden nie ohne Frucht sein. Jeden Monat tragen sie frische Früchte; denn das Wasser des Flusses kommt aus dem Heiligtum. Die Früchte werden als Speise und die Blätter als Heilmittel dienen.

Es ist ein eindrückliches Bild. Es geht hier um einen Fluss, einen Fluss des Lebens, der aus göttlicher Quelle kommt: Der Raum dieser Quelle ist der Tempel, der Quellraum dieser Wirklichkeit. Aber damit dieses Leben überall ankommt, darf es dort nicht gestaut und verwaltet werden, sondern muss herausfließen. Und diese Vision macht deutlich, dass nur dann, wenn dieses Wasser fließt, es mehr wird, es fruchtbar wird. Und nur dann, wenn man den Boden unter den Füßen verliert, kann man die Früchte sehen, das Heil sehen, das durch dieses Fließen eröffnet wird.

Mit dieser biblischen Perspektive wird ein visionärer Horizont eröffnet, der auch kirchlich von Bedeutung ist: Einerseits wird die Sendung und Aufgabe des Volkes

Gottes samt seiner institutionellen Dimension (Tempel) näher beschreibbar. Die Quelle will gefasst sein, hat einen Quellort und einen Raum, in dem sie ans Licht kommt. Aber gleichzeitig wird dieser Raum relativiert. Die Dynamik der Quelle ist nämlich nicht der »See«, der Staudamm, zu dem alle kommen sollen, sondern das Wasser der Quelle vermehrt sich im Fließen, im Flusswerden, und schließt so alle ein, die mit dem Wasser in Berührung kommen und »mitfließen«. Und wenn in der Vision Chiara Lubichs durch das Schauen Heil und Leben wirklich wird, geschieht dies hier durch den Fluss, durch die gemeinsame Fließrichtung in die Welt, die Leben braucht und sucht.

Eine faszinierende Vision des Glaubens. Eine faszinierende Vision für die Kirche von morgen. Dieses Buch ist der Versuch, diese Vision ansatzhaft zu entfalten. Ein Versuch – von vielen möglichen.

II.
SIEBEN IMPULSE

Wie oft habe ich das feiern dürfen. Eine Kindertaufe.
Und wie oft wird das noch geschehen! Es sind immer
besondere Momente. Viele Menschen in der Kirche, oft
auch viele, die sonst eher selten ihren Glauben feiern.
Ihren Glauben feiern? Ja, denn das tun wir ja hier als
Gemeinschaft des Glaubens. Denn die Taufe eines Kindes birgt ja eine echte Provokation. Man kann nämlich
ein Kind nicht so einfach taufen.

Taufe setzt eine Einwilligung voraus, ein bewusstes
Ja-Sagen zu Gott, ein bewusstes Sich-Einlassen auf
seine Liebe und den Wunsch, aus dieser Liebe zu leben.
Das sagt sich so einfach, aber ist es auch so einfach?
Deswegen ist die Kindertaufe immer mit einer Reihe
von Fragen verknüpft. Die Eltern und Paten werden
schon zur Begrüßung gefragt, ob sie ihr Kind im Glauben erziehen wollen. Und der Gemeinde wird in Erinnerung gerufen, dass sie Mitverantwortung trägt, damit
dieser Weg des Hineinwachsens für das Kind gelingen
kann. Ohne Glauben gibt es keine Taufe, ja – aber wenn
es eine Gemeinschaft der Eltern, wenn es eine Gemeinschaft der Mitglaubenden gibt, wenn Paten sich mitver-
antwortlich erklären, dann kann man das Kind taufen.

Direkt vor der Taufe wird dann ganz konkret gefragt: ob
nämlich die Eltern und Paten sich vom Bösen wegkeh-
ren wollen, dem Urheber des Bösen widersagen – und
sich dem christlichen Gott und seiner Gemeinschaft zu-
wenden wollen: »Ich glaube« heißt die richtige Antwort,
auf die dann die Gemeinde einstimmt, indem sie das

Glaubensbekenntnis noch einmal gemeinsam spricht. Erst dann wird mit Wasser getauft.

Und hier beginnen die Fragen. Was eigentlich meint Glauben? Glauben die Eltern wirklich? Wie nehmen sie ihre Verantwortung wahr und was meinen sie, wenn sie ihr Kind im Glauben erziehen wollen? Ist Glauben überhaupt erziehbar? Und wie kann eine Gemeinschaft, eine Gemeinde, eine Kirche dazu beitragen, dass jemand in den Glauben hineinwächst? Ist Glauben so etwas wie ein Lerninhalt? Die Kirchen wollen ja Menschen auf ihrem Glaubensweg begleiten, und der Religionsunterricht will informieren und verantwortlich darstellen, was es mit dem christlichen Glauben auf sich hat. Aber: mit dem Glauben selbst ist das nicht verwechselbar.

Wir leben in einem epochalen Wandel, der diese Fragen hervorbringt. Noch erinnerbar ist eine Zeit, in der man als Oberbayer oder Emsländer katholisch war, als Niedersachse oder Hesse evangelisch. Man konnte fast sagen: Wir sind katholisch oder evangelisch geboren, so selbstverständlich waren die verschiedenen konfessionellen Ausformungen des Glaubens an Territorien und Familienbande geknüpft. Und wenn man da ein Kind taufte, dann konnte man sicher sein, dass es all die christlichen Traditionen wie mit der Luft einatmete und lernte.

Ich selbst bin tatsächlich auch noch so geprägt. Meine Mutter betete mit mir am Abend, wir beteten vor dem Essen. In der Adventszeit setzten wir uns zusammen und sangen Lieder. Und Weihnachten las mein Vater das Evangelium von der Geburt Jesu vor. Und so lernte ich – durch meine Eltern – beten. Und natürlich gingen wir in die Kirche, jeden Sonntag. Und ich wuchs wie selbstverständlich in die Liturgie der Messe hinein. Und das hatte zwei Konsequenzen: Auf der einen Seite konnte ich bald auf Latein die Texte der Liturgie, denn Mitte der 60er-Jahre war an meinem Heimatort in Göttingen noch der lateinische Gottesdienst die Regel. Und zum anderen drängte ich meine Eltern immer mehr dazu, dass ich doch – als Fünfjähriger – auch an der Kommunion teilhaben wollte. Meine Eltern waren etwas genervt und hilflos. Denn normalerweise geht man ja erst mit neun Jahren zur Kommunion. So wandten sich meine Eltern an den Pfarrer – und der holte den kleinen Jungen zu einem Kurzgespräch in die Sakristei und fragte ihn (so berichteten es meine Eltern): Wie lautet das Tischgebet des Herrn? Und ich habe geantwortet: Das Vaterunser, worauf ich tatsächlich dann an der Kommunion teilhaben durfte … Dass ich dann natürlich Messdiener wurde und auch zu Hause Messe gespielt habe, das gehört selbstverständlich dazu.

Aber: So wie ich damals in die Tradition der katholischen Kirche hineingewachsen bin, das war schon in den 60er-Jahren des 20. Jahrhunderts wohl eher eine Seltenheit. Genau in dieser Zeit brach nämlich dieser Zusammenhang selbstverständlicher Weitergabe kirchlicher Tradition ab. Ich habe das damals nicht so bemerkt, denn für mich war meine Glaubenspraxis ja selbstverständlich, und ich lebte sie mit meiner Familie und mit den Menschen, die wir sonntags in der Kirche trafen.

Soziologisch lässt sich mittlerweile sehr einfach nachweisen, dass diese Bewegung der Auflösung ererbter

Gläubigkeit spätestens seit Beginn der 60er-Jahre statistisch belegt ist und sich so eine selbstverständliche Verknüpfung auflöst: Glauben und Glaubenspraxis lassen sich nicht mehr einfach territorial verorten. Traditionen und Glauben treten auseinander – und die Kirche als Ort der Glaubenspraxis und selbstverständlicher Glaubenstraditionen wird fraglich und fraglicher. Und so wurde eine Krise offenbar, die seitdem nicht endet: die »Weitergabe des Glaubens« von einer Generation zur nächsten funktioniert nicht mehr.

Wichtige Unterscheidungen

Aber diese Geschichte der Auflösung einer Gesamtkonstellation von Glaube, Tradition und Kirche lässt tiefer fragen und unterscheiden: Der Glauben einerseits ist ja noch etwas anderes als die (kirchliche oder konfessionelle) Tradition, in der er sich ausdrückt. Habe ich eigentlich als kleiner Junge geglaubt, oder habe ich nur bestimmte Handlungen und Formen übernommen und fast magisch ausprobiert? Was meint Glauben eigentlich – und wie ist er zu unterscheiden von einer wie immer gearteten Ausdrucksform und Tradition.

Und ja, ist es möglich, immer wieder zur Messe zu gehen, immer wieder an einer Wallfahrt teilzuhaben, bei Prozessionen mitzuziehen und Rosenkranz zu beten – ohne zu glauben? Eins ist gewiss: solange Glauben und eine traditionelle Praxis eines Milieus zusammenfielen, konnte man schlecht unterscheiden. Alle machten ja mit – aber Glauben war auch schon hier eine persönliche oder vielleicht *die* persönlichste Frage, und kirchlichen Atheismus hat es bestimmt schon immer gegeben oder geben können.

Damit ist deutlich zu unterscheiden zwischen den verschiedenen Traditionen und Formen des christlichen Glaubens, den alten wie den neuen Formen und Praktiken, und dem Glauben selbst, der allerdings auch der Traditionen und Ausdrucksformen bedarf: Wie sollte man ausdrücken, was Glauben eigentlich ist? Aber – was ist Glaube eigentlich? Und vor allem: Was ist er in Zukunft, wenn die Selbstverständlichkeiten der Vergangenheit nicht mehr normativ sind?

Glauben ist mehr als eine Suche

Was macht Glauben wesentlich aus? Es sind nicht zuerst Inhalte, es sind nicht Traditionen, es sind auch nicht andere Personen, die selbst glauben. Nein – es ist eine unglaubliche Begegnung der dritten Art, so muss man wohl sagen. Wenn man die Geschichten des Alten Testaments liest, dann wird schnell deutlich, dass der Glauben immer aus einer Ursprungsbegegnung wächst. Natürlich geschehen diese Begegnungen nicht im ungläubigen Niemandsland. Immer schon gab es die Vorstellung, dass es jemand Größeren gibt, dass es einen Gott geben muss – und immer schon versuchten Menschen, durch religiöse Praktiken, Opfer und Gebete diesen Gott bzw. die Götter gnädig und wohlwollend zu stimmen. Aber kann man das schon Glauben nennen?

Eine allgemeine Religiosität, eine Furcht und Angst vor übermächtiger und willkürlicher Macht, ein Sich-gut-Stellen mit unbekannten Mächten, das ist zwar allgemeine menschliche Gläubigkeit, aber nicht die Grunderfahrung des Glaubens. Das ist zu unterscheiden.

Im Alten Testament kann man die Geschichten bestaunen, die von einem anderen Glauben berichten. Es beginnt mit Abraham, der der Stammvater aller Glaubenden genannt wird. Er ist gewissermaßen der Urtyp des Glaubenden, und deswegen ist die Geschichte einfach kurz aufzurufen. Sie beginnt unvermittelt: Abram wird angesprochen. »Der Herr sprach zu Abram: Zieh weg aus deinem Land, von deiner Verwandtschaft und aus deinem Vaterhaus in das Land, das ich dir zeigen werden. Ich werde dich zu einem großen Volk machen, dich segnen und deinen Namen groß machen. Ein Segen sollst du sein ... Da zog Abram weg, wie der Herr ihm gesagt hatte ...« (Gen 12,1-4)

Hier ist von mehreren Ursprüngen die Rede. Auf der einen Seite geschieht hier ein erster Ur-Sprung von Gott auf den Menschen zu. Er spricht ihn an. Gott springt auf den Menschen zu. Das Buch der Weisheit verwendet dieses eindrückliche Bild: »Als tiefes Schweigen das All umfing und die Nacht bis zur Mitte gelangt war, da sprang dein allmächtiges Wort vom Himmel ...« (Weisheit 18,14f.)

Und so ist es immer: Weil Glauben mehr ist als Religiosität, weil Glauben immer mehr ist als jede Form und Tradition, mehr ist als eine sehnsuchtsvolle, ahnungsvolle oder angstvolle Suche, darum ist das erste immer Gottes Ur-Sprung in die Welt des Menschen, der seinerseits überrascht ist und sich doch zugleich angesprochen weiß. Und der Glauben ist dann Antwort auf eine personale Begegnung – auch ein Ur-sprung: Es ist ja erstaunlich, dass Abram weder überrascht noch misstrauisch reagiert. Er geht einfach los.

So ist also Glauben so etwas wie ein Ursprungsquadrat. Man kann es nicht vorhersehen, es ist nicht zu
erwarten, und doch: Wenn Gott zum Sprung ansetzt,
wenn Gott einen Menschen anspricht und wenn sein
Wort ankommt, dann reagiert der Mensch, als wäre
er dafür, für diesen Moment, für diese Antwort, für
diesen Sprung geboren. Wie sollte man sonst so leicht
erklären können, dass offensichtlich das Wort Gottes,
seine persönliche Annäherung, so leicht zu verstehen
ist, wenn sie geschieht, und sofort den Menschen bekannt vorkommt. Glauben als Antwort ist jedenfalls
nicht erzwungen, nicht erdrängt, nicht notvoll, sondern
irgendwie vertraut und klar.

Der Hebräerbrief kommentiert das so: »Glaube aber ist:
Feststehen in dem, was man erhofft, Überzeugtsein von
Dingen, die man nicht sieht ... Aufgrund des Glaubens
gehorchte Abraham dem Ruf, wegzuziehen in ein Land,
das er zum Erbe erhalten sollte; und er zog weg, ohne
zu wissen, wohin er kommen würde ...« (Hebr 11,1.8)
Das Ansprechen Gottes entspricht einer Hoffnung und
erweitert das Wirklichkeitsverständnis: Nichts ist offensichtlich klarer als die Gegenwart Gottes, dem man
vertrauen kann, der liebend mich als Person meint. Und
kein Misstrauen hat dort Platz. So antwortet man gehorsam – wir werden über das Hören noch sprechen –
und geht los.

Das ist die Pointe des Ursprungs. Es ist nicht nur
ein Ursprungsquadrat, es ist ein nach vorne offener
Raum – »Ur-Sprung hoch drei«. Denn der Ur-Sprung
setzt sich fort. Denn dieses Ansprechen eröffnet auch
die Zukunft. Und es bringt in Bewegung: Abram zieht   **45**

fort in ein Land, das er nicht kennt. Glauben ist also nicht nur Begegnung, sondern auch Bewegung. Eine Bewegung in die Zukunft voller Vertrauen, eine Bewegung in ein unbekanntes Land – ohne Angst, weil es unter dem Segen, unter der Nähe, unter der liebenden Gegenwart dessen steht, der einen angesprungen hat!

Jesus und der Glauben

»Da uns eine solche Wolke von Zeugen umgibt, wollen auch wir alle Last und die Fesseln der Sünde abwerfen. Lasst uns mit Ausdauer in dem Wettkampf laufen, der uns aufgetragen ist, und dabei auf Jesus blicken, den Urheber und Vollender des Glaubens ...« (Hebr 12,1f.)

Der Hebräerbrief ermutigt die Christen seiner Zeit im Bild des Wettkampfes, weiter den Weg des Glaubens zu gehen. Zur Unterstützung beschreibt er die Glaubenswege der »Wolke« von Zeugen: von Adam über Abraham bis zu den Propheten und Märtyrern. Und er schreibt, dass deren Glauben noch nicht erfüllt wurde, immer eine Zukunftshoffnung war – bis ins Heute, bis zu Jesus Christus.

Der Hebräerbrief bezeichnet ihn als »Urheber und Vollender des Glaubens«, und genau von hier aus möchte ich noch einmal die Frage nach dem Glauben stellen. Denn wenn er Urheber des Glaubens ist, kann man an ihm anschaulich machen, wie Glauben in Zukunft »geht« und zugleich: in welchem Zukunftsraum jeder steht, der sich von Jesus in den Glauben »heben« lässt.

Jesus selbst kommt ja auch zum Glauben. Das mag überraschend klingen, aber ist doch einfach nur logisch.

Denn er wuchs ja als Mensch heran und ist insofern auch ein »Typ« für den Glaubensweg. Zieht man einmal die Kindheitsgeschichten von Jesus ab, die ja aus einer Rückblickperspektive entstanden sind, dann gibt die Geschichte der Taufe Jesu im Jordan einen tiefen ersten Einblick dessen, was Glauben heißt. Jesus war ein unruhig-suchender Mensch, hineingewachsen in das Judentum seiner Zeit, aber eben innerlich spürend, dass da noch »mehr« war. Und so schloss er sich einem wild-schrägen Propheten an, Johannes dem Täufer, und gehörte seinem Kreis an. Johannes hatte die Taufidee: eine Zeichenhandlung, die sichtbar machen sollte, dass Menschen einen neuen Weg gehen wollten. Und Johannes machte das nicht einfach an einer Pfütze, oder einem See, sondern am Jordan. Der hat für das Volk Israel eine tiefsymbolische Bedeutung. Durch die Wasser des Jordan hindurchgehen, das hieß in der Tradition des Volkes Israel, sich auf die Verheißungen Gottes einzulassen, das neue Land der Verheißung zu betreten, ganz Gott zu vertrauen, der ja schon Abram dieses Land verheißen hatte.

Ein hochsymbolischer Akt also. Und Jesus macht mit. Aber da geschieht etwas Besonderes: Gott spricht ihn an. Und es ist mehr als ein Wort, es ist eine Offenbarung, die Eröffnung einer Wirklichkeit, die Jesus vielleicht geahnt hat, nach der er sich ausgestreckt hat ohne zu wissen wonach.

Die Stimme, die ihn anspricht, sagt ihm seine eigentliche, ursprüngliche, wahre Identität zu – eine, die man sich nie selbst wird sagen können: »Du bist mein geliebter Sohn ...« Und dieses Wort ist verbunden mit einer eigentümlichen Erfahrung, die Jesus seinen Jüngern wohl als Bild weitergegeben hat: Die Evangelien berichten davon, dass der Himmel sich öffnet und dass der Heilige Geist sich wie eine Taube auf ihm niederließ. Beide Bilder sind mehr als eine Beschreibung von naturhaften Ereignissen. Denn der Himmel, der ist ja die Lebenssphäre Gottes – und die steht jetzt offen, die ist jetzt zugänglich, breitet sich über Jesus aus. Und der Geist Gottes gehört ihm jetzt zu, »bleibt auf ihm sitzen«.

Die Begegnung mit Gott ist noch weit mehr: Jesus erfährt sich in einer Weise gottnah, die unerhört ist. Er ist so geliebt, so gewollt, dass er »Sohn« ist, Ausdruck der Liebe des Gottes, der hier sich als »Vater«, als Quelle der Liebe, zeigt. Was im Evangelium in wenigen Zeilen und fast nüchtern beschrieben wird, ist ein Erdbeben, gerade auch für Jesus. Denn Jesus nimmt diese Wirklichkeit an, aber sie verwandelt sein Leben total. Man kann es im Evangelium nachlesen. Er muss erstmal in die Wüste gehen, darüber nachdenken, sich einfinden in diese neue Wirklichkeit.

Man könnte sagen: Jesus entdeckt hier seinen Glauben, er tritt in den Ursprungsraum ein und wird ganz und gar hineingenommen in die Logik des Ur-sprungs, der nichts anderes als »Liebe« pur ist. Eine geschenkte und zugesagte Liebe, die aber nicht irgendwie nur zugesagt ist, sondern die eine neue Wirklichkeit hervorbringt, ans Licht bringt, ermöglicht: dass sich Jesus unbedingt als Geliebter weiß, eben als Sohn, von derselben Wirklichkeit der Liebe durchdrungen – und dies annimmt als seine tiefste Wirklichkeit: dass er Liebe ist.

Das erschüttert ihn und verändert sein Leben zutiefst. Denn er spürt dann, dass diese Liebe nicht nur ihm gilt, sondern allen Menschen. Dieser Gott, der ihm sein tiefstes Sein eröffnet und gezeigt hat, ist Liebe für alle Menschen, Vater aller »Söhne und Töchter«. Was Jesus hier erlebt hat, will er allen erlebbar machen: »Die Zeit ist erfüllt, das Reich Gottes ist nahe – Kehrt um und glaubt an das Evangelium ...«

Diese »Summe« seiner Verkündigung steht ganz am Anfang, und sie bringt sehr gut zum Ausdruck, worum es geht, wenn es ums Glauben geht: Es ist der Moment gekommen, in dem sich zeigt, dass Gottes Nähe und Liebe Wirklichkeit in dieser unserer Welt ist. Man könnte sagen: Diese Liebe, die alles durchdringt und verwandelt, ist die »wirkliche Wirklichkeit« dieser Welt – die Wirklichkeit, wie sie eigentlich ist, auch wenn das nicht immer gleich sichtbar ist.

Deswegen ruft Jesus die Menschen zur Umkehr auf. Umkehren heißt hier: diese Wirklichkeit anzunehmen, sie zu glauben. Denn das Evangelium – diese Frohe Botschaft – ist angesichts erfahrener Verletzungen, der Unheilgeschichten und Kriege ja völlig unwahrscheinlich, ja mutet sogar grotesk an. Umkehren heißt umdenken, heißt »umparken im Kopf«, heißt neu sehen, neu denken, neu handeln lernen – und genau darum geht es, wenn man »glaubt«.

Damit wird schon deutlich, was sich später bei den Jüngern zeigt: Glauben ist hier kein Entschluss, Glauben ist kein Für-wahr-Halten von religiösen oder theologischen Inhalten (auch wenn es die natürlich geben wird),

Glauben ist ein Sich-Einlassen auf eine unwahrscheinliche Liebe, die einem begegnet ist und das Leben auf den Kopf stellt. Was beim Anschauen der Geschichte Abrams noch im Zwielicht liegt, das wird hier von innen erschlossen.

Gottes Ur-sprung auf den Menschen hin lässt Jesus seine tiefste Identität entdecken, und er lässt sich ein auf diese Liebe, entdeckt sich als von Anfang an hineingenommen in die Liebe, die Gott selbst ist – und sein ganzes Leben ist nun das Mit-springen mit und in dieser Liebe zu allen Menschen. Sein Heilen, seine »Wunder« (so nennen wir das, was aus der Energie dieser Liebe wächst), seine Predigten – sie zielen alle darauf ab, dass Menschen diese Liebe erfahrbar wird, nicht als äußerliches Zeichen, sondern als innere »Zeichnung« und »Prägung«, die bis in die ungeliebten, verwundeten Abgründe jeder Person hineinreicht. Aber immer ist dies kein einseitiges Handeln – es braucht den Glauben: Und dieser Glauben ist eben die Offenheit, diese Tiefe der Liebe Wirklichkeit sein zu lassen, anzunehmen, dass diese Liebe alles kann.

Das widerspricht vielen menschlichen Erfahrungen des Unheils, der Verlassenheit, des Todes, der absurden Gewalt, und deswegen entdeckt Jesus, wie weitreichend dieser Ursprung der Liebe sein will, wie weit er reichen muss, damit alle die Chance haben, dieser Liebe teilhaftig zu werden. Hier wird das Wort vom Ursprung noch einmal besonders ausdruckskräftig. Denn Jesus springt in den Tod, in das Nichts der Nacht, in das Unheil des Todes hinein, um alle Wirklichkeiten dieser Welt von ihrem Inneren her zu erfüllen mit der Liebe.

Das Geheimnis von Tod und Auferstehung ist kein anderes als das Geheimnis einer Liebe, die zum Äußersten geht, zum äußersten Rand, ins äußerste Nichts. Es ist die Logik dieser Liebe, niemanden draußen zu lassen, alle hineinzunehmen in diese Wirklichkeit des »ewigen Lebens«, wie man poetisch sagen kann.

Vielleicht wird an dieser Stelle dann deutlich, warum der Hebräerbrief Jesus als den »Urheber« des Glaubens benennt: denn im Erfahren und Bejahen der Liebe, die die tiefste Wirklichkeit seines und allen Lebens ist, springt Jesus in die Tiefen und Abgründe jeder Wirklichkeit, um dort die Liebe zu platzieren. Dort wird er Ur-heber des Glaubens. Denn nun ist auch die Wirklichkeit tiefster Dunkelheit ein Ort der Begegnung mit der Liebe, ein Ort, an dem sich die Liebe zeigt, an dem die Liebe ins Leben hebt.

Das Buch der Weisheit sprach vom Springen des Wortes in diese Welt, und wir entdecken, dass die Liebe in diese Welt gesprungen ist und jeden berührt hat, auch die abgründigste Verlorenheit eines Menschen. Das ist ihr Wesen – zu springen, damit jeder ins Leben kommt.

Mitspringen
Glauben hat Zukunft. Aber der Glauben ist nichts Unbestimmtes oder Diffuses. Es geht nicht darum, die Existenz von Göttern oder höheren Mächten – wohlmeinenden oder eifersüchtigen, moralischen oder unmoralischen, indifferenten oder machtvollen – anzunehmen und entsprechend voller Angst oder Zuversicht zu leben. Glauben ist auch nichts spielerisch Hypotheti-

sches – eine Annahme, die man explorieren könnte und je nachdem bewahrheiten oder ausschließen.

Es geht um mehr, denn es geht um die Wirklichkeit, um die ganze Wirklichkeit. Darum betet Paulus im Epheserbrief: »Durch den Glauben wohne Christus in euren Herzen. In der Liebe verwurzelt und auf sie gegründet sollt ihr zusammen mit allen Heiligen dazu fähig sein, die Länge und Breite, die Höhe und Tiefe zu ermessen und die Liebe Christi zu verstehen, die alle Erkenntnis übersteigt. So werdet ihr mehr und mehr von der ganzen Fülle Gottes erfüllt.« (Eph 3,17f.) Ja, denn genau darum geht es: um die Einsicht und die Annahme einer Wirklichkeit, die das Leben auf den Kopf stellt.

Diesen Glauben wird man sich auch in Zukunft nicht basteln können. Natürlich kann man an alle möglichen Götter glauben, kann eine Religion praktizieren, viel beten, Liturgien und Rituale feiern, heilige Schriften lesen und analysieren, Theologie studieren, aber vor allem kommt es auf eine ur-sprüngliche Begegnung an, die mich erneuert, verwandelt, ins Umdenken und Umhandeln führt – mich selbst zum Mitspringenden macht. Denn ich habe teil an dieser Liebe, und ihre Energie lässt mich weitergehen, lässt mich so lieben, lässt mich so »urspringen«, auf dass die Wirklichkeit der Liebe alle Wirklichkeit erfüllen kann.

Wenn es also nicht um Patchworkteppiche von Glaubensvorstellungen geht, wenn es nicht um das Zusammenbasteln von mehr oder weniger plausiblen Überlegungen und rituellen Übungen geht, wenn es nicht um Religionsausübung geht, sondern um Begegnung mit der Liebe selbst, dann gilt aber auch, dass eine »Weitergabe« des Glaubens so gar nicht möglich ist. Dann gilt, dass jede Praxis der Religion und auch der christlichen Tradition nicht ersetzen kann, was all dem zugrunde liegt: dass mir nämlich unerwartet und doch ersehnt eine Begegnung zuteil wird, die ich nicht denken konnte und die mich prägen will für mein ganzes Leben.

Zu fragen ist natürlich, wie so etwas erleichtert, ermöglicht oder vielleicht beeinflusst werden kann. Darüber wird noch zu sprechen sein, aber eigentlich ist dies – so sagt die christliche Tradition – Gnade und nichts als Gnade. Aber, und das ist gleich hinzuzufügen: Der Gott, der »Vater«, der uns als Söhne und Töchter sieht, ist nicht ein gnädiger Gott, der willkürlich Gnade zuweist oder verweigert, so dass einige die Gnade nie bekommen würden. Nein – er ist Liebe pur, er ist an jeden Ort gesprungen, um die Liebe auch in der Nacht des Todes zu platzieren, und wir leben in dieser Liebe, die uns persönlich zugedacht ist. Dort, wo ich sie erfahren kann, da wandelt sie mein Leben, jedes Leben, und lässt mich Mitspringer der Liebe ins Leben der Menschen werden. Und vielleicht liegt hier ein Geheimnis dieser Liebe: dass sie Menschen braucht, die mitspringen.

»Blinde sehen, Lahme gehen, Aussätzige werden rein und Taube hören ...« (Mt 11,5), so berichten die Jünger über das Tun Jesu. Wo er handelt, dort kommt der Mensch neu ins Leben, dort sieht er wieder, dort hört er wieder, ist wieder integriert und kommt in Bewegung. Das sind nur scheinbar »physiologische« Machttaten Gottes, es geht aber um viel mehr. Es geht um ein Eintreten in die Wirklichkeit des Lebens. Und deswegen ist das Handeln Jesu, sein »Heilen«, sein Wunderwirken, nicht einfach nur sensationell, sondern eröffnet den Horizont jener Wirklichkeit, die er »Reich Gottes« genannt hat. Glauben ist ja nichts anderes, als Gottes Nähe für mich und für alle zu entdecken, seine unbeschreiblich tiefe Liebe in mir und überall wahrzunehmen, die mich, alle und alles neu konfiguriert und neu ausrichtet. Und gleichzeitig ist da noch mehr: die ganze Wirklichkeit ist ja von dieser Liebe durchdrungen und »kehrt mich um«, macht mein Handeln neu – und eben auch mein Hören und Sehen.

In die Wirklichkeit hineinhören

Glauben kommt vom Hören – so lautet eine alte Formel. Und klar: Es braucht jemanden, der mir das Evangelium so verkündet, dass ich es vernehme, dass ich höre. Noch mehr. Irgendwie ist es ja ein wunderbarer Moment, der mein Leben auf den Kopf stellt, mich neu ausrichtet. Im Alten Testament hat der Prophet Jesaja ein wunderbares Bild dafür gefunden: »Jeden Morgen weckt er mein Ohr, damit ich auf ihn höre wie ein Jünger.« (Jes 50,4) Es geht um ein Aufwecken in eine neue Wirklichkeit, in die Wirklichkeit des Geliebtseins, in die Wirklichkeit des Evangeliums, um den Ursprung, das Geschenk des Ursprungs.

Aber dann beginnt es erst, das Hören. Wie Jesaja sagt: »damit ich auf ihn höre wie ein Jünger« – was heißt das denn genau? In einer meiner ersten Vorlesungen zur Moraltheologie hat mich ein Satz sehr berührt. Er stammt von Augustinus, einem der berühmtesten Kirchenväter: »noli foras ire, in interiore hominis habitat veritas« – »Man muss nicht nach draußen gehen, im Inneren des Menschen wohnt die Wahrheit.« Genau, das ist es, und darum geht es. Wenn nämlich der Gott, der mich zum Sohnsein oder Tochtersein gerufen hat, mir nicht äußerlich bleibt, sondern mir ganz innerlich wird und mich zu dem erweckt, der ich schon zutiefst war, dann wird das Leben ein innerlicher und das Innere überschreitender Dialog, ein Hinhören ohne Ende.

Der Satz des Kirchenvaters Augustinus zielt auf das Gewissen, auf diese innerste Mitte, die man fast als ein kosmisches »Wurmloch« beschreiben müsste: denn dort, wo meine innerste Mitte ist, mein Gewissen, dort ist immer auch mehr. Dort ist eine direkte Verbundenheit mit Gott. Und diese Verbundenheit, die schon bei der Taufe Jesu durch das Bild von der Taube nahegebracht wird, geschieht im »Geist«, der Verbindung schlechthin: Es ist der Geist, der in unserem Herzen, in unserem Innersten lebt.

Im Laufe meines Lebens habe ich immer wieder und immer mehr verstanden, dass ich hier diese eine Stimme höre, eine »innere Stimme«, die manchmal deutlicher, manchmal weniger deutlich, mich führt, mich leitet, mich zum »Springen« auffordert, zu neuen Ufern aufbrechen lässt:

Aber auch umgekehrt: Sie hat mir auch immer wieder deutlich gemacht, wenn etwas nicht geht, wenn ich danebenliege, etwas falsch gemacht habe. Die Rede vom »schlechten Gewissen« ist ein einfacher Ausdruck für eine einfache Wirklichkeit: Ich spüre sehr wohl, wenn ich nicht der Liebe, wenn ich nicht meinem Sein entspreche. Und natürlich könnte ich nicht hinhören, den Widerstand überwinden, der mich bremsen will – aber mindestens am Anfang – würde ich dann auch wissen, dass ich mich selbst verfehlt habe.

Und auch so: Manchmal höre ich nichts. Das kann verschiedene Gründe haben. Denn klar ist einerseits, dass das Hören eine Übungssache ist – fast wie beim Erlernen eines Musikinstruments. Es gilt: Je häufiger ich mich auf »die Stimme« einlasse, desto mehr bin ich »gestimmt« auf die einzigartige Frequenz des Dialogs in mir. Und naja, wenn ich eine Zeit lang nicht hinhöre, verliere ich meine Hörsensibilität für das, was mir gesagt werden soll.

Es kann natürlich auch sein, dass es einfach eine Zeit des Schweigens gibt – und die Gründe nicht so auf der Hand liegen. Das ist schwer auszuhalten, nein, das ist mehr als anstrengend. Denn wenn ich aus diesem Hören meine Orientierung, meine Kraft und meine Kreativität bekomme, dann bedeutet umgekehrt das Abreißen des hörenden Dialogs Desorientierung und traurige Kraftlosigkeit.

Jesus lebt vom Hören

Wer das Leben Jesu und seinen Weg verfolgt, stößt immer wieder auf diese Dynamik. Es scheint von Anfang an so zu sein, dass dieses Hören Jesus vollkommen bestimmt. Und damit wird auch klar, dass dieses Hören Ausdruck einer Beziehung zur Quelle, zur Liebe selbst ist, die nicht gelegentlich mal aktualisiert wird, sondern gewissermaßen eine Standleitung ist: Immer wieder spürt man, dass Jesus diese innere Stimme des Vaters »hört« und aus ihr handelt. Ein schönes Beispiel sind die ersten Heilungen, von denen die Evangelien berichten. Es wird Abend nach einem anstrengenden Tag voller Heilungen, und am frühen Morgen drängen die nächsten Kranken an. Aber Jesus ist nicht da – er ist alleine auf den Berg gegangen, um zu beten. Und er überrascht die Jünger damit, dass er weitergehen will. Die Kranken seiner Heimatstadt bleiben zurück. Genau das hängt mit dem intensiven Hörerleben Jesu zusammen: »Meine Speise ist es, den Willen des Vaters zu tun«, sagt er den verdutzten Jüngern an anderer Stelle im Johannesevangelium, als die ihm Brot für den Weg durch Samarien bringen. »Ich und der Vater sind eins«, formuliert er im Johannesevangelium und macht deutlich, dass nichts von dem, was er tut und sagt, nur von ihm kommt – sondern direkt aus dem Hören dessen, was die Quelle der Liebe ihm nahelegt.

Aber auch Jesus kennt das Schweigen der Quelle: Das wird am Ende seines Lebens deutlich, als er sich in das Schweigen und die Nacht begibt. Die Evangelien berichten von einer dramatischen Situation im Garten Gethsemane, als Jesus hört, in welche Nacht sein Weg ihn führen wird. Und in den Kreuzigungsszenen wird von den Evangelisten deutlich beschrieben, dass auch für Jesus das Schweigen Gottes zu einer tiefen Not führt: »Mein Gott, mein Gott, warum hast du mich verlassen?«, ruft der Gekreuzigte und macht so deutlich, was die Tiefe des Leidens mit ihm macht. Damit wird auch deutlich, dass es dieses todbringende Schweigen gibt und was es für Menschen bedeutet.

Lernen zu hören

Der Glauben, vor allem dann, wenn er voller Energie und gestalterischer Kraft sein will, lebt in Zukunft aus dieser Praxis des Hörens. Zu fragen ist dann aber, wie wir als Glaubende in Zukunft Hörende sein werden und es lernen, aus dem Hören zu handeln. Schon in der ersten Versuchungsgeschichte Jesu ist das das Thema schlechthin. Jesus fastet vierzig Tage und bekommt begreiflicherweise Hunger. An dieser Stelle wird er darauf hingewiesen, dass er doch aus Steinen Brot machen könnte. Und er antwortet: »Nicht vom Brot allein lebt der Mensch, sondern von jedem Wort, das aus Gottes Mund kommt.« (Mt 4,4)

Damit ist uns eine Richtung angesagt, die gleichzeitig eine Frage aufwirft: Wie können wir Worte aus Gottes Mund empfangen? Natürlich – im Hören auf die innere Stimme. Doch gleichzeitig weiß jeder und jede, dass dieses innere Spüren und Hinhören ein Prozess ist, immer von Ambivalenzen geleitet, denn leider gibt es ja vielerlei Stimmen in uns, und es gehört wohl zu einer gesunden Skepsis, nicht all diesen Stimmen das gleiche Gewicht zu geben. Es geht ja um diese *eine* Stimme, die das Leben hervorbringt.

Wie geht das konkret? Welche Perspektiven haben wir? »Jeden Morgen weckt er mein Ohr, damit ich auf ihn höre wie ein Jünger«, so hatten wir von Jesaja gelesen. Das »Hören wie ein Jünger«, so ist meine Erfahrung, aktualisiert und vergegenwärtigt sich im Hören auf das Wort Gottes in der Schrift. Das ist eine der erstaunlichsten Erfahrungen in den christlichen Erneuerungsprozessen, die ich wahrnehmen und zum Teil auch begleiten darf. Immer ist es das Wort der Schrift, das Menschen bewegt, berührt und verwandelt. Es reicht, die großen christlichen Gründergestalten zu sehen, für die das geschriebene Wort Gottes lebensprägend ist. Von Franziskus über Luther und Charles de Foucauld und Frère Roger bis hin zu Bill Hybels, dem Gründer der Willow Creek Community Church – immer sind es die Worte des Evangeliums, die Kirche durch diese Menschen neu erstehen und wachsen lassen, in den unterschiedlichsten Gestalten und Traditionen.

Aber hier rücken zwei Akzente besonders ins Licht. Zum einen ist das Hören des Wortes Gottes leicht zu verwechseln mit einer Analyse und Auslegung des Wortes der biblischen Schriftsteller. Ja, denn man kann mit sprachwissenschaftlichen und auch theologischen Methoden sich dem Wort der Schrift annähern, den Kontext ausleuchten, die Absicht des Schreibers feststellen – und das ist auch an vielen Stellen hilfreich, um den Text besser zu verstehen. Und dennoch ist es nicht das Hören des Wortes Gottes.

Gemeint ist aber auch nicht ein wortwörtliches und gewissermaßen fundamentalistisches Übernehmen der Worte – das wäre kein Hören. Das Wort Gottes öffnet gewissermaßen im Hören auf dieses Wort ein inspiriertes und geistvolles Verstehen, das lebensspendend und wirkmächtig ist. Das kann man schon in den Briefen des Paulus entdecken. Als Paulus zum ersten Mal in Europa das Wort verkündet, vor einer Gruppe von Frauen, da geschieht genau dies bei einer Purpurhändlerin mit Namen Lydia. Die Apostelgeschichte schreibt nüchtern: »Eine Frau namens Lydia ... hörte zu. Sie war eine Gottesfürchtige und der Herr öffnete ihr das Herz, so dass sie den Worten des Paulus aufmerksam lauschte.« (Apg 16,14) Konsequenz dieses Hörens ist der Neuaufbruch dieser Frau, ihre Taufe und das Entstehen einer ersten Hauskirche in Griechenland.

In seinem Brief an die Thessalonicher freut sich Paulus von Herzen darüber, dass die Gemeinde dort das Wort Gottes wirklich als Wort Gottes aufgenommen hat. Denn offensichtlich ist es eine Sache, dass Gottes Wort verkündigt oder gehört oder gelesen wird, etwas anderes ist es, wenn es ankommt und Neues hervorbringt: die Freude und die Kraft des Heiligen Geistes, und die Gemeinschaft, die aus dem Hören wächst.

Eigentlich ist dies meine zentrale Wachstumserfahrung im Glauben. Ich erinnere mich noch daran, wie ich dazu ermutigt wurde, das »Evangelium zu leben«, und ich keine Ahnung hatte, was dies denn bedeuten solle. Ich kam begeistert zurück von einem Treffen junger Leute, und hatte – wie oben berichtet – zum ersten Mal bewusst die Erfahrung gemacht, dass Gott nah ist inmitten der Menschen. Wie das denn wohl gehe, fragte ich. Und die Antwort war eben die, das Evangelium zu leben.

Und so begann ich. Ich kaufte mir drei Bibeln (es gab ja so viele Übersetzungen), und begann die »Gute Nachricht« jeden Morgen zu lesen. Ich verstand nicht so viel, das war aber auch gar nicht wichtig. Ich machte es einfach so: Dort, wo mich etwas berührte, da hing ich dem in Gedanken und im Gebet nach. Dann ging ich in den Tag. Ich habe den Eindruck gehabt, dass dies mein Leben sehr veränderte: Ich merkte, wie Gott mir immer näher rückte. Ich spürte ihn wirklich als liebenden Vater, ich fragte mich zum ersten Mal in meinem Leben, was er wohl mit meinem Leben vorhat – und ich merkte, wie ich immer mehr lernen wollte, wie man mit der Liebe leben kann.

Zusammen hören

Aber sowohl das Hören auf die innere Stimme als auch das Hören und Lesen der Schrift führen in Formen des Miteinanders. Das habe ich in meinem Leben erlebt, aber eben auch überall dort, wo neues Leben entsteht und wächst.

In Berührung gekommen bin ich durch Kontakte mit weltkirchlichen Gästen, und vor allem auch bei Besuchen in verschiedenen Ortskirchen Südafrikas, Indiens und den Philippinen. Seit den 70er-Jahren bemühten sich zwei deutsche Priester in Südafrika darum, wie das Wort der Schrift den Menschen nahekommen könnte, nicht nur durch Predigt und Erklärung theologischer Profis, sondern durch eine Praxis des Hinhörens in Gemeinschaft. In den sehr unterschiedlichen Formen und Methoden des »Gospelsharing« fanden sie eine Antwort, mit der sie nicht gerechnet hatten: in den Dörfern und kleinen Ansiedlungen, in denen sie mit

Christinnen und Christen gemeinsam das Evangelium lasen und diskutierten, entstand eine lebendige Glaubensgemeinschaft, eine selbstbewusste Christlichkeit aus dem gemeinsamen Hören.

Ich erinnere mich gut daran, wie ich bei meinen ersten pastoralen Studienreisen nach Südafrika einer Jugendgemeinschaft in den Townships von Blomfontein begegnete. In einem kleinen Wohnzimmer waren wir mit 20 Jugendlichen versammelt. Und wir lasen die Schrift. Und dann begann der Austausch, so lebensnah, so beeindruckend einfach, dass wir hinterher noch lange darüber sprachen. Für diese Jugendlichen war das Wort Gottes nicht ein Text, sondern ein Ruf mitten in ihr Leben hinein, in ein schwieriges Leben – etwas, was ihre Perspektive änderte und ihnen Kraft gab. »Ich wusste gar nicht, dass man so über den Glauben reden kann«, sagte mir hinterher ein Priesteramtsstudent. Auf das Wort hören, wie es dort und an vielen Orten der Weltkirche als »Bibel-Teilen« eingeführt ist, das macht es möglich, dass jeder und jede dieses Wort in sich aufnehmen kann – und seine Kraft spürt.

Das konnte ich sehr oft erfahren, und es war immer eine Erfahrung über die Kulturen hinweg. Entscheidend war dabei immer, dass es nie um eine Methode ging, und auch nicht darum, wer mehr wusste und kompetenter war. Vielmehr konnte ich immer wieder spüren, wie Menschen durch das gemeinsame Hören auf das Evangelium wirklich etwas erspüren können von dem Weg, den Gott mit ihnen gehen will. Oft habe ich das so erlebt, dass es in diesem Teilen einer Schriftstelle so erschien, als würde das verschriftete Wort, die Evangelien oder die Brief des Paulus, so etwas sein wie das Gefäß, die Verpackung für einen großen Schatz, der sich nun im Teilen und in der Gemeinschaft öffnet und offenbart. Ich werde nicht vergessen können, wie oft ich aus solchen Begegnungen beseelt und erfüllt und neu hörend herausgekommen bin.

Das ist aber auch die Erfahrung neuer Gemeinschaften und Gemeinden, die immer wieder neu durch das Wort Gottes inspiriert werden. Ja, das ist wohl das richtige Wort: Offensichtlich wirkt durch das Wort eine geistvolle Kraft, die inspirierend und kreativ Menschen prägt, verbindet, ruft und sendet. Es ist jener Geist, der gewissermaßen den Ursprung der Liebe präsent macht, und die Worte, die wir hören, zu einem Hören der Liebe werden lässt.

Die Gemeinschaft ist es dann auch, die so etwas wird wie ein Verstärker, ein Lautsprecher und so noch tiefer ermöglicht, dass wir hören können. Ganz oft öffnet sich im Miteinander ein Raum, und man kann noch besser und noch tiefer hören. Während das einsame Hören auf die innere Stimme, das persönliche Lesen der Schrift auch sehr vieldeutig oder schweigsam sein kann, ist die Gemeinschaft hier tatsächlich ein Raum der Resonanz, der bestärkt oder auch verschwinden lässt, was es für den weiteren Weg braucht.

Double Listening

Doch das Hören weitet sich noch weiter. Es wäre unvollkommen, würde sich das Hören nur auf einen inneren oder gemeinschaftlichen Hörraum erstrecken. Es geht vielmehr darum, als Einzelne und gemeinsam genau in diese Welt hineinzuhören, auf die Menschen, mit denen wir leben. Denn die Wirklichkeit des Geistes und der Gegenwart Gottes ist ja nicht auf Einzelne oder Gemeinschaften beschränkt. Es geht vielmehr darum, diese Wirklichkeit überall zu entdecken.

Das II. Vatikanische Konzil spricht daher von den Zeichen der Zeit, und fordert die Glaubenden dazu auf, im genauen Wahrnehmen und Hinhören zu entdecken, welche Wege sich öffnen, welche Herausforderungen aufzugreifen sind: »Im Glauben daran, dass es vom Geist des Herrn geführt wird, der den Erdkreis erfüllt, bemüht sich das Volk Gottes, in den Ereignissen, Bedürfnissen und Wünschen, die es zusammen mit den übrigen Menschen unserer Zeit teilt, zu unterscheiden, was darin wahre Zeichen der Gegenwart oder der Absicht Gottes sind. Der Glauben erhellt nämlich alles mit einem neuen Licht, enthüllt den göttlichen Ratschluss hinsichtlich der integralen Berufung des Menschen und orientiert daher den Geist auf wirklich humane Lösungen hin.« (Gaudium et spes 11)

Wie das praktisch geht, das habe ich immer wieder von den inspirierenden Erfahrungen anglikanischer Christinnen und Christen gelernt: Auf der einen Seite habe ich immer wieder erlebt, wie Einzelne und Gemeinschaften sehr intensiv im Hören auf die Schrift, im gemeinsamen Hören auf das Wort darum gerungen haben, was die ersten und die nächsten Schritte auf ihrem Weg sind. Auf der anderen Seite war dies alles aber immer auch sehr kontextbezogen: Was bewegt die Menschen in unserem Stadtviertel, welche Herausforderungen gibt es hier, was ersehnen sie, was bewegt sie, welche Not gibt es hier, was wünschen sie sich? Mit den Menschen und ihrer Sehnsucht, im Hinhören auf die Fragen und Nöte und Hoffnungen wächst auch der Prozess des Unterscheidens, was als nächstes ansteht, was wohl der »Ruf« Gottes in dieser Stunde ist.

In ganz ähnlicher Weise habe ich dieses Vorgehen in Kirchenentwicklungsprozessen der philippinischen Kirche erlebt – ein Prozedere, das inzwischen auch in vielen Ortskirchen Deutschlands eingeübt wird. Bevor Pläne und Projekte gestartet werden, gilt es, zutiefst hinzuhören auf die Freuden und Hoffnungen, Trauer und Angst der Menschen. Denn nur so kann gemeinsam entdeckt werden, welche Perspektive, welches konkrete Handeln wirklich konsonant ist mit dem, was der Geist uns sagen will.

Gehorsam

Es gibt ein fürchterlich ambivalentes Wort, das mit dem Glauben zusammenhängt, das Ausdrucksgestalt des Glaubens ist und in der christlichen Tradition sogar als »evangelischer Rat« fungiert, also als Hinweis, der aus dem der frohen Botschaft selbst stammen soll. Und wir hatten ja im Blick auf das Hören Jesu Christi gesagt, dass er immer wieder auf diese Perspektive fokussiert war: nicht den eigenen Willen zu tun, sondern den der Liebe, also gehorsam zu sein dem Willen des Vaters, wie er es ausdrückt.

Doch die Rede vom Gehorsam hat dann über die Jahrhunderte einen sehr schalen Beigeschmack entwickelt. Worte wie »Kadavergehorsam« schwingen mit, die Einschränkung der Freiheit ist deutlich mitgesagt, Verlust der Autonomie ist zu befürchten. Vor Augen steht der Gehorsam von Soldaten, und man denkt gerade auch die katholische Tradition als »Law and Order«-Organisation, in der ein Papst, Bischof oder Priester den untergebenen Laien Gehorsam abfordern kann. Und dafür gibt es ja auch Beispiele, die beschämend genug sind.

Dennoch glaube ich, dass die Zukunft des Glaubens nur mit einem neuen Verständnis des Gehorsams zu fassen ist. Gehorsam ist dann aber nicht ein hierarchisches Machtinstrument, sondern die Ermöglichung und Verwirklichung einer göttlichen Freiheit: Es geht darum, immer wieder genau hinzuhören auf die Liebe, die zu mir spricht, auf das Wort Gottes, das mich im inspirierenden Geist zu mehr Liebe führt – auf die Menschen und Situationen, in denen der Geist Gottes mich anspricht und uns anweht, damit wir gemeinsam angemessen handeln können. Auch das wird nicht immer bequem sein, aber es wird einen Horizont des Handelns eröffnen, der alle Grenzen übersteigt.

Wie das praktisch funktioniert, lässt sich in den Zeugnissen der Heiligen Schrift wunderbar nachlesen. Es gibt da eine sehr berührende Geschichte, in der Jesus eine kanaanäische Frau trifft. Jesus selbst hatte seine Sendung und seinen Auftrag klar: Er weiß sich gesandt, die Nähe Gottes und seine machtvolle Liebe dem Volk Israel zu verkünden. Bei seinen Wanderungen ist er aber auch außerhalb unterwegs und trifft dort auf diese Frau, die ihn um Hilfe bittet. Jesus ist gehorsam, und deswegen weist er die Bitte der Frau ab. Hören wir in den Text hinein: »... Die Frau kam, fiel vor ihm nieder und sagte: Herr hilf mir. Er erwiderte: Es ist nicht recht, das Brot den Kindern wegzunehmen und den Hunden vorzuwerfen. Da entgegnete sie: Ja, du hast recht, Herr! Aber selbst die Hunde bekommen von den Brotresten, die vom Tisch ihrer Herren fallen. Darauf antwortete ihr Jesus: Frau, dein Glaube ist groß. Was du willst, soll geschehen ...« (Mt 15,25-28)

Jesus hört eben genau hin, und er erspürt, dass er über bisherige Grenzen hinausgehen muss, besonders dann, wenn ihm Glaube begegnet. Und so handelt er gehorsam, indem er ungehorsam ist. Er hört und nimmt wahr, wie der Geist »von außen« zu ihm spricht und den Horizont weitet. Diese Erfahrung ist die typische Glaubenserfahrung der Zukunft. Es geht nicht darum, strenge Regeln umzusetzen, so heilig sie auch sind – es geht darum, in allem, was ist, in sich hineinzuhören, auf das Wort zu hören und auf die Menschen zu hören – und so zu entdecken, welche Symphonie hier zum Klingen kommt. Dieser »Musik des Geistes« zu folgen, darin besteht die große Kunst des Glaubens.

Man kann diese Spur in den Erzählungen der ersten Christen, in den Briefen des Paulus und in der weiteren Geschichte des christlichen Glaubens weiterverfolgen: Eben gerade weil der Geist Gottes weht, wo er will, und doch erkennbar und hörbar ist mit seiner typischen Stimme, die zu immer größerer Liebe ruft, war den Glaubenden zu allen Zeiten klar, dass der Gehorsam eine höchst intensive und anspruchsvolle Lauscharbeit ist. Natürlich lag und liegt immer auch das Risiko der Täuschung in der Luft, aber gerade am Anfang des »neuen Weges«, den die Christen gingen, lagen Überraschungen in der Luft, die immer wieder zu einem neuen

Innehalten, zu einem neuen Hinhören provozierten: und wenn damals deutlich wurde, dass nicht nur Juden zum christlichen Glauben kommen konnten, sondern auch Menschen jenseits dieser Tradition; wenn darüber diskutiert und entschieden wurde, welche Traditionen denn einzuhalten waren – und wenn klar wurde, dass jede neue Generation auch neue Wege gehen muss, dann lässt das für die Zukunft des Glaubens auch in unserer Zeit große Überraschungen erwarten. Es geht dann aber eben nicht darum, einfach mal was Neues auszuprobieren, sondern mit einer neuen Radikalität jenem Gott gehorsam zu sein, der in unseren Herzen spricht, der uns die Schrift inspirierend erschließt und uns wahrnehmen lässt, wie der Geist heute in den Menschen und Kulturen unserer Zeit spricht.

Radikales Hinhören ist also die Qualität eines Glaubens, der Zukunft hat.

Es gibt einen ungläubigen Blick. Und eigentlich ist dieser Blick der gewöhnliche Blick. Er schaut auf die Welt, auf die Menschen, auf die Geschichte mit den je eigenen Maßstäben der Vergangenheit – und den eigenen in der persönlichen Geschichte gewachsenen Mustern. Das scheint ganz selbstverständlich zu sein. Und dann ist oft die Vergangenheit der Maßstab für alles, was kommt. Und genau das ist Unglaube.

Dann werden nämlich einfache Verfallskategorien bemüht. Früher war alles besser und in einer goldenen Vergangenheit haben wir gelebt, in der alles in Ordnung schien. Die Menschen hatten noch Werte, die Philosophie war hochwertiger – und das Ganze gibt es auch auf kirchlich und christlich: dann nämlich sind die letzten Jahrzehnte einfach nur ein kolossaler Abbruch, ein Weg auf das Ende zu. Aus, Ende, Amen.

Sie fällt uns offensichtlich leicht, diese »Mangelobsession« (das Wort verdanke ich Bischöfin Ilse Junkermann), und es lässt sich offensichtlich leicht von hier aus eine Depressions- und Ausgrenzungsspirale in Gang setzen: Dann sind die Menschen heute gottfern oder gottlos, haben keinen Glauben, weil die Welt säkular geworden ist, weil Gott uns verlassen hat, weil wir in einer Gottes-, Kirchen-, Gesellschafts-, Superkrise sind.

In den vergangenen Monaten bin ich immer wieder in die Pfarreien unseres Bistums gefahren – und oft ist dies eine spannende Begegnung, gerade auch im Blick auf das »Hinschauen«: Denn eigentlich ist eine Atmosphäre da, die den Mangel bejammert: Wir haben wenig Kinder und Jugendliche, die Firmlinge sind weg, die Alten werden auch immer älter – und es fehlen uns Ehrenamtliche. Und dann schauen wir genau hin, auf die Gemeinden, auf die Kindertagesstätten, auf die Initiativen und Perspektiven – und oft wandelt sich der Blick, der vorher fixiert war auf das Vergangene, auf goldene Zeiten. Und nun? Auf einmal wird deutlich, dass es viele Stärken gibt, dass es neue Aufbrüche geben kann. Und oft, sehr oft, wandelt sich das Bild. Und nun entdecken Menschen und Gemeinden, dass es eine neue Freiheit und eine neue Verantwortung gibt – und eine Perspektive, die atmen lässt, die Verspannungen löst – und die Gottes Weg erkennen lässt.

Aber das ist eine ganz alte Geschichte, die immer wieder neu den Glauben herausfordert. Mir ist sie in der Meditation des Weges des Volkes Gottes deutlich geworden, als es aus Ägypten befreit wird. Das Wunder der Befreiung hatte ja schon so etwas wie Begeisterung beim Volk geweckt. Aber je länger nun der Weg durch die Wüste führte, desto rückwärtsgewandter ist das Volk. Es sehnt sich zurück an die Fleischtöpfe Ägyptens, denn auch wenn dort Sklaverei und brutale Ausbeutung herrschten, diese Sicherheit hatte man eben doch: Es gab morgens und abends zu essen. Und im Vergleich mit der Unsicherheit der Wüste und der Ungewissheit des Zieles wählte die Volksmeinung das bekannte Unheil.

Und in der Tat. Gottes Versuch, sein Volk zu leiten und dabei in Moses einen kongenialen und gehorsamen Führer und Mittelsmann zu finden, steht immer wieder kurz vor dem Scheitern. Immer ist das Volk unzufrieden, immer schaut es zurück, und immer hat es Zukunftsangst. Weil Gott nicht handhabbar ist, bastelt sich das Volk ein goldenes Kalb und verzichtet auf den Gott, der Zukunft verheißt. Weil es nicht so ist wie früher, zweifelt das Volk, ob es überhaupt in der Wüste überleben kann. Gott kann unternehmen, was er will – es reicht nie: Weder Wasser aus dem Felsen, noch Manna und Wachteln können das Vertrauen des Volkes wachsen lassen. Es sieht nur die Risiken, es sieht nur das nahende Chaos, es betrauert eine verlorene und immer goldener werdende Vergangenheit.

Bis es auf einmal am Jordan steht, und das verheißene Land in Sichtweite gerückt ist. Kundschafter werden ausgesandt, die nach vierzig Tagen voller Früchte aus dem Land zurückkehren. Sie berichten auch von den Herausforderungen der Gegner in diesem Land, die wie Riesen gegenüber den kleinen Heuschrecken – so fühlten sich die Israeliten – wirkten. Und angesichts dieser Herausforderungen kann das Volk die verheißene Zukunft auch dann nicht sehen, wenn die Früchte vor ihren Augen sind. Es bleibt blind, und kennt nur einen Weg, den Weg zurück, den Weg in den Tod.

Unglaube macht blind, Glauben lässt das Neue sehen. Hier wird eine erste Präzisierung wichtig: Der Blick des Glaubens ist ein vertrauender Blick. Er vertraut Gott und seinen Verheißungen mehr als den Plausibilitäten, die von der eigenen Vergangenheit geprägt sind. In der Tat: Glauben ist ja Vertrauen in die Wirklichkeit der Liebe, in die Gott mich hineingestellt hat. **71**

Und von hier aus ist die Geschichte zu lesen, die Wirklichkeit, die mich umgibt, die Kultur und die Menschen, deren Zeitgenosse ich bin. Denn in dieser Wirklichkeit ist Gottes Wirklichkeit präsent, hier wirkt er mitten in der Geschichte, und es ist zweifellos ein Wahrnehmungs- und Unterscheidungsprozess, der mich den Weg erkennen lässt, den Gott gehen will. Insofern bedeutet Glauben in der Tat eine Umkehr. Im Römerbrief fordert Paulus die Gemeinde von Rom zur Umkehr auf, und hier wird sehr deutlich, dass es um eine neue Form des Wahrnehmens und Denkens geht: »Angesichts des Erbarmens Gottes ermahne ich euch ... Gleicht euch nicht dieser Welt an, sondern wandelt euch und erneuert euer Denken, damit ihr prüfen und erkennen könnte, was der Wille Gottes ist; was ihm gefällt, was gut und vollkommen ist.« (Röm 12,1f.)

Das erneuerte und vertrauensvolle Denken sieht dann aber auch, wie Gott wirkt, wo sein Geist Menschen bewegt, und welchen Weg wir gehen sollen.

»Seht, ich schaffe Neues«

Die Krise ist komplett. Das Volk Gottes ist – wieder einmal – sich selbst verlorengegangen. Man sitzt im Exil und ist sich durchaus bewusst, dass man den Weg Gottes verfehlt hat, womöglich durch eigene Schuld. Da erinnert Gott sein Volk durch den Propheten. Er erinnert es an seine großen Machttaten, mit denen er sein Volk geführt hat. Auch das ist eine Einladung zum Sehen: Der Rückblick auf die Geschichte dient hier aber nicht dazu, die derzeitige Situation als Abfallgeschichte zu deuten, in der alles schiefgegangen ist und Gott sein Volk verlassen hätte. Ganz im Gegenteil: Gott nimmt sein Volk hinein in eine Schule des Sehens. Es geht darum, die erfahrene und erlebte Geschichte als Geschichte zu lesen und zu erkennen, in der der liebende Gott immer befreiend gehandelt hat. Die Erinnerung ist also nicht glorifizierend, nicht normierend, nicht aus den eigenen Kategorien schöpfend, sondern es geht darum, auch die Vergangenheit »neu« zu sehen: nicht als stabilisierenden Hintergrund einer prekärer werdenden Zukunft, sondern als Wegstrecke Gottes mit den Menschen, als Raum seines befreienden Handelns, das gestern, heute und morgen den Weg des Volkes geprägt hat. Und prägen will.

Eine solche Sehschule aber verweist vor allem in die jeweilige Gegenwart. Und deswegen – nach dieser Erinnerung und Schulung im Blick auf das, was vergangen ist, ruft der Prophet Jesaja in die Gegenwart: »Doch denkt nicht mehr an das, was früher geschah, schaut nicht mehr auf das, was längst vergangen ist! Seht, ich schaffe Neues; Schon sprosst es auf. Merkt ihr es nicht?« (Jes 43,18)

Sehen lernen heißt vor allem etwas zu verlernen: Der verklärende Blick auf die Vergangenheit erweist sich als hinderlich, um zu sehen. Damit wird klar, dass das Sehen aus Glauben immer sehr eingewurzelt ist in die Gegenwart. Es geht darum, heute und jetzt zu »sehen«, was Gott tut. Das Loslassen und Verlieren von Denkkategorien der Vergangenheit hat nun nichts damit zu tun, dass diese Vergangenheit etwa unbedeutsam und nicht wichtig wäre. Es ging ja auch dort um das Handeln Gottes, um sein Dasein und wirkmächtiges Tun. Aber wichtig ist, jetzt frei zu werden für das Heute Gottes – **73** denn ER schafft Neues, und es gilt, dieses Neue wahrzunehmen, zu sehen. Mit einer fast ironischen Frage endet das prophetische Wort: »Merkt ihr es nicht?«

Das bedeutet noch mehr als nur den Hinweis darauf, dass man blind sein könnte. Es ist vielmehr ein Verweis darauf, dass Gottes Handeln nicht abhängig ist von unserem Sehen, dass es aber Gottes Sehnsucht ist, dass wir gemeinsam sehen und entdecken, was Neues geschieht, was Gott Neues wirkt.

Sehen lernen

Was dies konkret bedeutet, wird in den Zeugnissen über Jesus deutlich beschrieben. Vielleicht ist eine der spannendsten Geschichten in diesem Kontext die Begegnung Jesu mit der Samariterin. Jesus begegnet einer Frau am Jakobsbrunnen (Joh 4), und schon in der Begegnung selbst steckt die Herausforderung des Sehens. Das wird deutlich, als später seine Jünger zurückkehren, und sich sowohl wundern, dass Jesus mit einer Frau sprach – wie auch, dass er mit einer Samariterin sprach, und dabei Grenzen von Geschlecht und Glauben überwindet. Und gleichzeitig wird im Gespräch von Jesus und der Samariterin deutlich, dass der Blick Jesu immer tiefer reicht als ein oberflächlicher Blick, und dieser Blick heilt, richtet auf, schenkt Perspektive. Es ist ein hervorbringender Blick, mit dem Jesus auf den Anderen schaut.

Dieser Blick ist also weder mangelorientiert, noch schaut er auf die zweifellos vorhandenen Grenzen, die es in jedem Menschen gibt, sondern er sieht die Sehnsucht, die Möglichkeiten, die tiefste Wirklichkeit, die

Leben werden will. Eigentlich ist es ein dem Menschen ganz bekannter Blick, etwa wenn Eltern auf ihre Kinder schauen, ein Sehen der Liebe, die die Kraft hat, ins Leben zu bringen. Und dennoch begegnen wir – auch in uns selbst – ja häufig dem Blick des Defizits, der Grenzen – und ich denke, dass dieser unser Blick sich auch immer auswirkt auf die Möglichkeiten einer Situation.

So, wie ich schaue, kann es auch werden. Nun ist dies in unserem Nachdenken nicht ein psychologisches Thema (natürlich auch!), sondern wesentlich eine Frage danach, wie der Glauben die Wirklichkeit der Liebe und des Geistes, mit dem die ganze Schöpfung durchdrungen ist, sieht. Es geht also nicht um Optimismus, sondern um einen tiefen Realismus, ein tiefes Einstimmen in die Wirklichkeit.

Jesus zeigt das der Samariterin. Er übersteigt den Horizont religiöser Traditionen hin auf eine Neubeschreibung der »Wahrheit«: und die Wahrheit ist ja die unverhüllte Wirklichkeit der Fülle des Geistes, der die Schöpfung und alle Menschen durchdringt. »Aber die Stunde kommt und sie ist schon da, zu der die wahren Beter den Vater anbeten werden im Geist und in der Wahrheit; denn so will der Vater angebetet werden. Gott ist Geist und alle, die ihn anbeten, müssen im Geist und in der Wahrheit anbeten.« (Joh 4,23f.)

»Anbeten« verwandelt sich dabei auch unter der Hand: Es wird zu einem Handeln und Sein in der Gegenwart des »Vaters«, in der Wirklichkeit des Geistes, ein der Liebe entsprechendes Handeln.

Und deswegen, weil diese Wirklichkeit Jesus zutiefst prägt und er aus ihr und in ihr lebt, versucht er seine Jünger hineinzunehmen in seine Perspektive. Im Blick auf seine irritierende Begegnung mit der Samariterin und den Folgen dieser Begegnung wendet er sich mit einem neuen Bild an seine Jünger: »Sagt ihr nicht: Noch vier Monate dauert es bis zur Ernte? Ich aber sage euch: Blickt umher und seht, dass die Felder weiß sind, reif zur Ernte.« (Joh 4,35). Natürlich meint Jesus hier nicht die agrarische Erntezeit, er öffnet den Horizont für eine neue Sichtweise. Normalerweise könnte man ja daran denken, aber Jesus möchte seine Jünger lehren, die Wirklichkeit mit den Augen des Glaubens wahrzunehmen. Und dann wird deutlich, dass dieser Blick in den Zeitgenossen, in den Menschen der eigenen Glaubenstradition oder auch in den Andersglaubenden (wie die Samaritanerin) die tiefe Wirklichkeit der Liebe entdeckt, die gefunden, gestärkt, hervorgerufen, hervorgesehen werden will.

Ganz ähnlich ist es bei der Aussendung der Jünger. Es geht auch hier um einen völlig anderen Blick, auch anders, als er oft in der kirchlichen Tradition ausgedeutet wird: »Danach suchte der Herr zweiundsiebzig andere aus und sandte sie zu zweit voraus in alle Städte und Ortschaften, in die er selbst gehen wollte. Er sagte zu ihnen: Die Ernte ist groß, aber es gibt nur wenig Arbeiter. Bittet also den Herrn der Ernte, Arbeiter für seine Ernte auszusenden ...« (Lk 10,1-2) Unter der Hand verwandelt sich hier die Blickperspektive: Es geht nicht um eine flächendeckende Verkündigung von Glaubensinhalten, wenn man denn so das Evangelium vom angekommenen Reich Gottes deuten wollte, es geht um eine »Ernte«, ein Heben der Wirklichkeit an den vielen Orten und in den vielen Menschen. Wie sehr es darum geht, sich ganz auf die Begegnungen einzulassen, macht die Mittellosigkeit der Jünger deutlich. Sie sind angewiesen auf Menschen, in denen dieselbe Wirklichkeit des Friedens wohnt, die in den Jüngern beginnt, Wirklichkeit zu werden. In diesen Begegnungen geschehen dann die »Wahrheit« und die »Begegnung im Geist«, die die verborgene Gegenwart Gottes ans Licht bringt, das Aufscheinen des Reiches Gottes.

Glauben mit Vision geht also nicht ohne ein neues Schauen und Sehen. Wenn man mit den Augen des Glaubens schaut, dann sieht man die Wirklichkeit, wie sie wirklich ist: In ihr ist schon zutiefst jene Liebe eingesenkt. Und durch das liebende Hinschauen kann sie wirklich ins Leben kommen. Und was heißt das praktisch?

Die Schule des Franziskus

Es scheint fast, als sei Papst Franziskus in seinem programmatischen Schreiben Evangelii Gaudium genau in dieser Perspektive unterwegs. Er spricht vom »Blick des Glaubens« und schreibt: »Außerdem ist der Blick des Glaubens fähig, das Licht zu erkennen, das der Heilige Geist immer inmitten der Dunkelheit verbreitet ... Unser Glauben ist herausgefordert, den Wein zu erahnen, in den das Wasser verwandelt werden kann, und den Weizen zu entdecken, der inmitten des Unkrauts wächst.« (EG 84) Ganz konkret wird dies im Herangehen an die neuen Kulturen der Stadt: »Wir müssen die Stadt von einer kontemplativen Sicht her, das heißt mit einem Blick des Glaubens erkennen, der jenen Gott entdeckt, der in ihren Häusern, auf ihren Straßen und auf ihren Plätzen wohnt. Die Gegenwart Gottes begleitet die aufrichtige Suche, die Einzelne und Gruppen vollziehen, um Halt und Sinn für ihr Leben zu finden. Er lebt unter den Bürgern und fördert die Solidarität, die Brüderlichkeit und das Verlangen nach dem Guten, nach Wahrheit und Gerechtigkeit. Diese Gegenwart muss nicht hergestellt, sondern entdeckt, enthüllt werden.« (EG 71)

So wird deutlich, was auch schon im Kontext unseres Nachdenkens über das Hören sehr bedeutsam wurde: Glauben setzt einen unverhüllten Blick frei, der davon ausgeht, dass mitten in dieser Welt, ihren Ambivalenzen, ihren Verletzungen und Ungerechtigkeiten der Geist Gottes, seine Liebe, schon lange Heimat gefunden hat. Es geht für die Zukunft des Glaubens darum, diese Wahrheit immer wieder zu entdecken und fruchtbar zu machen.

Papst Franziskus hat diese Grundhaltung und Grundperspektive im Kontext der Synode über Ehe und Familie in überraschender Weise praktisch gestaltet. Er lud nicht nur Spezialisten und Theologen, nicht nur Bischofskonferenzen und einzelne Bischöfe dazu ein, die Situation von Ehe und Familie zu beschreiben, sondern er lud alle Interessierten, Christinnen und Christen, dazu ein. Ich erinnere mich gut, mit wie viel Aufwand wir in unserem Bistum diesen Fragebogen entwickelt und verständlich gemacht haben. Wichtig war aber vor allem die Perspektive, mit der wir die Ergebnisse der Fragebögen deuteten: Ein Blick auf die Ergebnisse machte viele Deutungen möglich. Man hätte davon sprechen können, dass die Katholikinnen und Katholiken von heute die Lehre der Kirche nicht mehr teilen und zu vielen Situationen ganz andere Positio-

nen als klassische kirchliche Normen vertreten. Aber
uns schien ein anderer Blick viel wichtiger: Man konnte
wunderbar sehen und erkennen, dass die Christinnen
und Christen sehr verantwortlich die Werte und die
Perspektive des Evangeliums in die heutige Zeit hin-
eingelesen haben und damit bezeugten, wie sehr der
Geist Gottes am Wirken ist, wie sehr ein gemeinsamer
Sinn für das Evangelium lebt. Mich hat das seinerzeit
sehr beeindruckt. Es bleibt spannend und abzuwarten,
wie sich dies im Kontext der demnächst stattfindenden
Jugendsynode zeigt.

Together we look

Das Hinschauen in dieser Perspektive ist für mich und
uns sehr praktisch geworden im Umfeld der Begleit-
prozesse der Kirchenentwicklung, die ich in den letzten
Jahren mit dem philippinischen Pastoralinstitut Bukal
Ng Tipan lernen durfte.

Ich denke an einen ersten Besuch in einem der reichen
Viertel von Manila, in der wir eine örtliche Gemeinde
trafen. Eigentlich war alles wie bei uns in Europa:
schicke Häuser, viele Autos und kaum jemand auf der
Straße. Ganz anders als im Rest der Stadt. Hier war eine
kleine Gruppe von Christen, und die haben eben nicht
einfach kleine Basisgemeinschaften gründen können ...
Das wäre nicht gegangen: »Keiner würde kommen – wie
bei euch!«, sagten uns unsere Gastgeber und erzählten
davon, was sie gemacht hatten: Sie hatten zusammen
hingeschaut, und dann entstanden erste Initiativen wie
Straßenfeste, Wallfahrten und anderes, was zugänglich
war. Denn es ging darum, Menschen miteinander zu
verbinden, Gemeinschaft zu ermöglichen. Und da gibt

es keinen Passepartout, sondern ein intensives Hinschauen ist notwendig, hinschauen auf die Sehnsucht und die Bedürfnisse der Menschen dort ...

Und ja, hier geht es nicht zuerst um pastorale Planungsprozesse und Leitbilder, sondern um ein gemeinsames Hinschauen, Hineinschauen in die Situation. Aber dieses Hineinschauen ist nie nur soziologisch. In der Tat haben wir in den deutschen Kirchen, in unserer deutschen Gesellschaft hinreichend viele Instrumente und Untersuchungen, die eine postmoderne und vielfältige Gesellschaft bezeugen. Aber es reicht nicht, diese spannenden Erkenntnisse etwa der Milieuforschung zum Hintergrund eigener Planungen zu machen. Sie reichen aus, um deutlich zu beschreiben, warum klassische Muster kirchlichen Handelns nicht funktionieren können. Aber um vor Ort, in den konkreten Beziehungen und Gefügen menschlichen Lebens, zu entdecken, wie der Geist Gottes heute wirkt, welche Wünsche und Sehnsüchte, welche Fragen und Nöte beantwortet werden wollen, braucht es ein gemeinsames Hinschauen, und wahrnehmen.

Wir drücken uns häufig davor. Lieber nehmen wir Sozialraumanalysen und Studien auf, um dann unseren Ideen Gestalt zu geben. Es gehörte zu den spannendsten Momenten, als wir unsere philippinischen Freunde fragten, wie sie unsere Bemühungen wahrnehmen. Nein, sagten sie, ein Feedback wollen sie uns nicht geben. Das ist zum einen nicht »asiatisch«, zum anderen aber widerspricht es deutlich jener Grundannahme, dass der Geist uns dies selbst ja auch sagen kann. Deswegen luden sie uns ein, miteinander und mit ihnen über einige Fragen zu diskutieren. Diese spannende Diskussion drehte sich einzig um die Frage, ob wir wirklich genau – mit den Augen des Glaubens – gelernt haben, das Neue zu sehen. Sie fragten:

- Schauen wir wirklich und ernsthaft auf unsere Kultur? Engagieren wir uns in ihr, hören wir auf sie, lernen wir von ihr?
- Welche »Brille« benutzen wir, wenn wir auf unsere Kultur schauen?
- Glauben wir wirklich und ernsthaft, dass Gott durch die vorherrschende Kultur zu uns spricht?
- Sehen wir uns selbst als Opfer oder Mitwirkende an der Kultur?
- Welche Zeichen können wir entdecken, die darauf verweisen, dass es einen echten Dialog zwischen Glauben und Leben gibt?

Diese Fragen treffen ins Zentrum und zeigen die verheißungsvolle Relevanz eines neuen Blickes. Viel zu oft geschieht es, dass gerade im Blick auf die Zukunft des Glaubens der gegenwärtigen Kultur abgesprochen wird, dass sie etwas für den Glauben zu sagen hätte und für die Gestaltwerdung des Glaubens. Dann werden Traditionen und Gebräuche, bestimmte Formen des Glaubens aus der Vergangenheit und auch bestimmte Kirchengestalten normativ vorausgesetzt – und die Gegenwart wird ihr gegenüber defizitär, säkularisiert oder ungläubig abgestempelt. Das stimmt aber eben nicht: Weder können religiöse Aufbruchsphänomene einfach mit dem christlichen Glauben vermengt werden, noch kann skeptischer Agnostizismus einfach als ungläubig deklariert werden – es geht vielmehr darum, in den Zeichen der Zeit, in den Menschen und ihrem Handeln jenen Geist zu entdecken, jene Wirklichkeit des Reiches Gottes, die dort mit dem Blick des Glaubens hervorzuheben ist. Dass dies auch dazu führen wird, dass sich kirchliche Gemeinschaft und Gemeinde tief verändern, wenn sie sich auf die Wirklichkeit einlassen – das gehört zu einem Glauben der Zukunft, der das Neue sieht, wesentlich dazu.

Unheil sehen

Aber kann man immer nur die Tiefe der Liebe Gottes sehen, die sich in diese Welt hineinbegeben hat? Ist die Welt wirklich Gottes voll, wenn wir die vielen Kriege, die Katastrophen und tragischen Unglücke sehen, wenn so viel Ungerechtigkeit regiert und viele Menschen ohnmächtig vor Schmerz sind? Wo ist da Gott – oder wird diese Wirklichkeit in diesem Ansatz ausgeblendet? Es wäre wirklich unverantwortliche Oberflächlichkeit, wollte man das Wahrnehmen eingrenzen auf jene zweifellos vorhandenen Entwicklungen einer verheißungsvollen Zukunft, der großartigen Solidarität, des herausragenden Engagements so vieler Menschen für andere.

Es gibt das Leid, es gibt die Nacht, es gibt die Erfahrung der Verlassenheit, ja, der erfahrenen Gottverlassenheit. Wie können wir hier dieser Spur des Sehens folgen? Im gewöhnlichen Hinschauen auf diese, vielleicht am meisten universale Wirklichkeit des Leidens und des unerklärbaren Unheils muss noch einmal aufgerufen werden, in welchem Horizont die Rede vom »Neu Sehen« steht. Neu sehen wurzelt immer in der Erfahrung Jesu Christi und seines Weges. Sein Weg aber führte in den Abgrund der Gottverlassenheit und des Todes.

Aber gerade so wurden die Gottverlassenheit und der Tod, der Schmerz und das Leid auch und gerade zum Ort, an dem Gottes Sohn selbst ist, mitleidet, stirbt. Ist daher jeder dieser Orte, jede »Sünde« als gottferne Katastrophe, jede Verlassenheit geprägt durch diese Gegenwart, dann führt der Blick des Glaubens eben gerade dazu, diese Orte nicht auszublenden, sondern in der Dynamik des Hinschauens dort ebenfalls einen Weg zum Leben zu sehen.

Was christlich »Auferstehung« meint, beschreibt die ungeheuerliche Wahrheit, dass wirklich jede Dunkelheit durchdrungen wird von Gottes Gegenwart. Die Evangelien beschreiben dies in der Todesstunde Jesu deutlich. Jesus, der Gottverlassene, schreit seine Verlassenheit heraus und stirbt in der Nacht des Todes. Im Markusevangelium ist dies der Moment, an dem der römische Hauptmann davon spricht, dass dieser Mann wirklich Gottes Sohn sein muss. Im Johannesevangelium haucht der Gekreuzigte seinen Geist aus. Damit ist viel mehr gemeint als eine lyrisch-poetische Beschreibung des Todes. Der Evangelist will hier deutlich machen, dass ab jetzt jeder Ort, jedes Dunkel, jede Nacht durchdrungen ist von seinem Geist.

Mit dem Blick des Glaubens hinschauen, Neues sehen lernen, hat also eine tiefgründige Universalität. Es ist kein optimistischer Blick, der erblindet gegenüber den tiefen Ambivalenzen und Abgründen der jeweiligen Zeit. Es ist kein Blick, der nicht wahrnimmt, wie tief Armut und Ungerechtigkeit reichen. Nein – ganz im Gegenteil. Es ist ein Blick, der gerade hier genau hinschaut, und sich deswegen einlässt auf die Not der Welt. **83**

Nirgends wird mir dies so ansichtig wie in den vielen Menschen, die sich für andere, die in Not sind, ausgeben und engagieren. Sie bezeugen mit ihrer Leidenschaft für die Armen und Bedrängten, dass sie sich aus diesem Blick gerade dort, wo Leiden geschieht, einbringen, und so daran mitwirken, dass diese Welt zum Leben kommt.

Auch und gerade das heißt »Das neue Sehen«: Der Glaube gewinnt seine Ernsthaftigkeit und hat Zukunft, wo auch und gerade im Schmerz die Wirklichkeit der Liebe gesehen, geglaubt und ins Leben gebracht wird.

In meiner eigenen Glaubensgeschichte, so um die Firmung herum, habe ich ein Buch gelesen, das mich sehr berührt hat. Ich hatte natürlich schon von Franz von Assisi gehört, dem großen Mann aus Assisi, dem Heiligen. Aber nun las ich von Luise Rinser »Bruder Feuer«. Sie wendet in diesem Buch einen spannenden literarischen Trick an. Sie verlegt das Leben des Franziskus in die heutige Gegenwart. Ein Journalist geht der Geschichte eines jungen Mannes nach, dem man alles Mögliche unterstellt. Ohne ihn je zu Gesicht zu bekommen, interviewt der etwas abgebrühte Journalist Augenzeugen und Freunde. Und es entsteht ein faszinierendes Bild des Franziskus, seiner Radikalität, seiner Leidenschaft und Begeisterung. Keine Frage, mein Firmname wurde Franziskus.

Und in den kommenden Jahren sehe ich den Film von Franco Zeffirelli, »Bruder Sonne, Schwester Mond«, der eine fast barock-romantische Version des Franziskus bietet. Aber richtig ernst ist dann der Film von Liliana Cavani, mit Mickey Rourke als Franziskus. Wahrscheinlich ist dieser Film nicht so bekannt wie der zartschmelzende Film von Zeffirelli, aber mich hat er nochmals tiefer zu dem Mann aus Assisi hingeführt. Von hinten wird dieser Film erzählt. Die ersten Gefährten und Chiara von Assisi erzählen einander von ihrer Erfahrung mit einem jungen Mann, der zunächst ein unruhiger Geist ist, voller Elan, aus einer reichen Familie, und der plötzlich noch unruhiger wird, sich fragt nach dem Sinn des Lebens, bis dann eines Tages die

Umarmung mit einem Aussätzigen sein Leben verändert: Er gibt wirklich alles weg, und lebt mit den Armen.

Und das Erstaunliche: Andere kommen dazu. Sein Handeln, seine Radikalität, seine Klarheit, seine Leidenschaft und Begeisterung führen dazu, dass Tausende junger Männer und Frauen nach Assisi ziehen, ebenso leben wollen. Das Experiment des Franziskus ist ganz einfach: Kann man das Evangelium einfach so leben? Am Ende, nach vielen Zweifeln, Dunkelheit und auch Schwierigkeiten mit seinem entstehenden Orden, wird Franziskus sterben. Chiara pflegt ihn, seine Wunden, und sagt dann: »Ich weiß nicht, ob ich der Liebe würdig bin, die ich bei ihm gesehen habe ...«

In den vergangenen Jahren habe ich mich immer wieder gefragt, wo denn heute die leidenschaftlich Radikalen und Begeisterten sind. Ich denke nämlich, dass der damalige Epochenwandel im Mittelalter, die neuzeitliche Wende, die sich abzeichnete, so gar nicht unähnlich unserer heutigen Zeit sind. Auch heute erlebe ich so viele Suchende, so viele Menschen mit Energie und Leidenschaft, die nach echter Orientierung Ausschau halten. Und ich bin mir eigentlich ziemlich sicher, dass kraftvolle und begeisternde Leidenschaft des Glaubens auch heute Menschen anzieht.

Eigentlich nur dann. Denn Glauben ist Leidenschaft, Radikalität, Begeisterung. Ich durfte in den vergangenen Jahren viele Menschen kennenlernen, die in dieser Intensität ihren Glauben lebten. Sie sind allesamt sehr unterschiedlich – sie gründen nicht alle Ordensgemeinschaften, aber ihre Leidenschaft ist spürbar.

Die Begegnung mit Bill Hybels und der Gemeinde von Willow Creek etwa hat mich sehr bewegt, die vielen weltkirchlichen Kontakte führten mich mit Bischöfen wie Oswald Hirmer und Fritz Lobinger aus Südafrika zusammen, meine philippinischen Freunde, aber auch die Begegnungen mit Christina Brudereck und ihrer Gemeindegründung in Essen (www.cvjm-emotion.de), mit Frère Roger in Taizé oder einem Papst wie Johannes Paul II bewegten mich tief. Und es sind Unzählige mehr. Nicht immer sind es große öffentliche Gestalten – wie kann ich meine Mutter vergessen, die aus tiefer Leidenschaft und Radikalität des Glaubens ihr Leben gestaltet? Und wie viele Kolleginnen und Kollegen, mit denen ich Glauben und unsere Leidenschaft für die Zukunft teilen kann.

Dabei wird eines sofort klar: Die großen Worte von Leidenschaft und Begeisterung, die Rede von der Radikalität könnten verschrecken – geht denn Glauben nicht normal und ganz einfach und unauffällig? Muss man denn immer gleich ein Supergläubiger sein? Aber das ist nicht gemeint.

Von der Begeisterung

Bei der Firmung steht vor dem Bewerber oder der Bewerberin der Bischof, legt eine Hand auf die Schulter des zu Firmenden, und legt ihm die Hand auf, salbt ihn mit einer heiligen Salbe, die wir Katholiken »Chrisam« nennen, und sagt: »Sei besiegelt mit der Gabe Gottes, dem Heiligen Geist ...« In dieser Feier wird ja vergegenwärtigt und zeichenhaft sichtbar gemacht, was die Quelle allen christlichen Lebens ist. Dieser Heilige Geist, der hier »eingezeichnet« wird auf die Stirn eines jungen Menschen, ist ja der Geist, der die Gegenwart, Leidenschaft und Energie des unbedingt liebenden Gottes einwurzelt in die Lebensgeschichte des Menschen, und ihn lebenslang begleitet, fördert, antreibt und von innen bewegt.

Das ist zunächst nie spektakulär. Auch wenn für viele Jugendliche dieser Moment tief berührend ist, scheint es doch zunächst nicht klar, für was genau dieser Geist nun steht. Das ist auch nicht so oberflächig zu erkennen. Denn dieser Geist hat eine Langzeitwirkung, und wann und wie er zündet, ist nicht an einen liturgischen oder kirchlichen Akt anzubinden. Und doch – wie kann man das erklären?

Jahre später nach meiner Firmung habe ich in Rom Theologie studiert. Und ja, natürlich studiert man auch über die Firmung. Ich kann mich an eine staubtrockene und wenig relevante Vorlesung erinnern, voller merkwürdiger Überlegungen aus der Kirchengeschichte. Aber bis heute ist mir etwas hängengeblieben (vielleicht zur Ehrenrettung des Professors, der staubtrockener Kardinal geworden ist). Auf die Frage, wofür die Firmung da sei, wofür der Geist Gottes »besiegelt«, hieß die Antwort: »ad robur, ad pugnam« – »zur Kräftigung, für den Kampf«.

Lange Zeit habe ich nichts mit dieser scheinbar nüchternen Aussage der mittelalterlichen Theologie anfangen können, aber seit einiger Zeit denke ich, dass man es kaum treffender ausdrücken kann.

Der Geist des Herrn

»Wie eine Taube« ruht der Geist auf Jesus, so wird in
der Geschichte von der Taufe am Jordan erzählt, und
wir haben ja schon darüber nachgedacht, was dieser
Geist bedeutet. Er lässt Jesus einen Ur-sprung machen.
Nachdem er verstanden hat, welch ungeheure Botschaft
ihn da berührt, beginnt er zu verkündigen, beginnt er
seinen leidenschaftlichen und geisterfüllten Weg, den
er selbst nicht kennt. Und im Hinhören auf die Tradition findet er ein Wort des Jesaja: »Als er aufstand, um
aus der Schrift vorzulesen, reichte man ihm das Buch
des Propheten Jesaja. Er schlug das Buch auf und fand
die Stelle wo es heißt: Der Geist des Herrn ruht auf mir,
denn der Herr hat mich gesalbt. Er hat mich gesandt,
damit ich den Armen die gute Nachricht bringe, damit
ich den Gefangenen die Entlassung verkünde und den
Blinden das Augenlicht, damit ich die Zerschlagenen in
Freiheit setze und ein Gnadenjahr des Herrn ausrufe.«
(Lk 4,16-19)

Begeisterung ist – wenn sie nicht einfach nur kurzlebige
Oberflächlichkeit ist – eben jene tiefe Erfülltheit mit
dem Geist der Liebe, die einen in Bewegung bringt. Aber
das ist eben nicht ganz so einfach, weil der Weg, der vor
einem liegt, eben ein neuer Weg ist – noch ungegangen
und unbekannt. Genau das ist ja die Herausforderung
für Jesus gewesen: Auch wenn nämlich klar ist, dass
hier ein neuer Weg beginnt, so muss sich doch noch
zeigen, wie genau er »geht«.

Von daher ist die nüchterne Ansage, dass der Geist »zur
Kräftigung« und »für den Kampf« ist, eine unglaubliche
Zusage. Denn sie verheißt eine Begleitung für den Weg,

der sich von innen her Bahn bricht. Die Begeisterung, das Erfülltsein mit dem Geist, ist also eine Zusage und eine Neuinterpretation des Lebens zugleich.

Wenn die ersten Christen als »Anhänger des Neuen Weges« (vgl. Apg 9,2) bezeichnet werden, dann ist hier mehr gemeint als eine neue Lehre oder eine neue Religionsvariante: Es bezeichnet die grundlegende Weggestalt christlicher Existenz. Es ist kein festes Programm, sondern ein Weg in die Zukunft, in der das Hören auf den Geist, das Setzen auf die geschenkte Kraft und das Sich-Einlassen auf den eigenen Weg zentral ist. Ja, es ist wie bei Abram, es ist immer Ursprung: Das Land, in das zu gehen ist, ist noch unbekannt – aber wir können dem Geist vertrauen.

Entdeckungsgeschichten

Wie das konkret gehen kann, hat mir neulich ein junger Mann erzählt. Er war schon in einer gehobenen Stellung als IT-Fachmann, als durch Umstrukturierungen in der Firma seine bisherigen Aufgaben überflüssig wurden. Er hielt inne. In dem Nachdenken über sein Leben wurde ihm klar, dass er etwas »zurückgeben« wollte von dem, was er in seinem Leben geschenkt bekommen hatte. Und er wollte sein Talent und seine Kompetenz für ein Jahr in den Dienst an andere stellen. Er fand eine Hilfsorganisation für Flüchtlinge, die ein Schiff kaufen wollte, um Flüchtlinge im Mittelmeer zu retten. Er baute die IT für die NGO »Jugend rettet« auf und war ein Jahr lang im Mittelmeer unterwegs. Nach diesem Jahr steht nun eine Neuorientierung an – der Weg bleibt offen, aber im Rückblick wird erkennbar, dass hier jemand im Hinhören und Suchen dem Geist gefolgt ist, voller Vertrauen, und doch mit der Achtsamkeit für seine Möglichkeiten.

Im Zug nach Hause treffe ich Maren, eine Krankenschwester aus Berlin, die mir erzählt, wie sie seit einigen Jahren Teile ihres Urlaubs dafür verwendet, in Eritrea mit einer Hilfsorganisation von Ärzten Herzoperationen durchzuführen. Je länger ich ihr zuhöre, desto mehr sehe ich das Strahlen in ihren Augen, ihre Leidenschaft für den Dienst, den sie tut. Und sie sagt: »Das ist für mich mehr als Ferien – du glaubst gar nicht, wieviel Kraft mir diese Zeit gibt, die Menschen, die Beziehungen mit den Ordensschwestern, die ich dort kennengelernt habe ... alles.« Doch, das glaube ich ihr. So ist es. Auch wenn sie zu Hause in Berlin auf ihrer Station arbeitet, ist sie so. Sie erzählt von den vielen Langzeitpatienten, von den Beziehungen, die dort mit den Eltern der Kinder wachsen, die im Herzzentrum oft über Monate bleiben müssen. Sie ist mit Herz und Seele dabei – das ist ihr »Ding«, ihr Weg –, auch wenn hier, wie ich in den nächsten Jahren erfahre, immer wieder Änderungen anstehen. Und ich merke, dass sie gut hinhört, abwägt – denn es ist ja ihr Leben.

Im Frühjahr 2017 fand in Hannover, veranstaltet vom ökumenischen Projektbüro Kirche[2], einem gemeinsamen Zukunftsprojekt der evangelischen und katholischen Kirche, ein Kongress statt, der den bezeichnenden Namen »Wonder« trug. Über 100 Teilnehmerinnen und Teilnehmer waren gekommen, und sie zeichnete eines aus: dass sie auf dem Weg sind, mit viel Leidenschaft und Begeisterung, im Aufbruch in eine neue Richtung des Kircheseins. Das fordert viel Leidenschaft, im wahrsten Sinne des Wortes. Denn auch der Aufbruch bedeutet immer, bekanntes Land zurückzulassen. Und auch wenn man spürt, dass dies nicht mehr ein Zuhause ist – ohne Heimat wird es nicht leichter. Aber eben auch hier traf ich Menschen, die begeistert und leidenschaftlich ihren Weg suchen und entdecken.

Einer Berufung folgen

Und man hat dabei eigentlich keine Wahl. Weil sich hier »Berufung« ereignet. Das ist eben die Entdeckungsgeschichte der eigenen Leidenschaft und Begeisterung, die sich ausrichtet auf ein konkretes Tun, eine konkrete Form der Hingabe. Und natürlich hat das mit einer inneren Suche zu tun, einer Achtsamkeit für den Kontext, in dem man lebt und der einen »anspricht«. Es ist oft eine konkrete Not, die einen nicht mehr loslässt; es ist eine Leidenschaft, die einen Zeit haben und investieren lässt. Es ist etwas, was innerlich Kraft und Freude schenkt, selbst wenn es alle Kraft kostet. Und in der Tat, man wird ein wenig hineingerissen und entdeckt sich als »gerufen« für diese Wirklichkeit. Natürlich werden alle Intelligenz, alle Gaben und Talente, alle Fähigkeiten in den Dienst einer Sache gestellt, die einem zur Hauptsache wird.

Damit wird aber auch klar, dass Berufung nicht einfach ein Himmelsereignis ist, das einen »von oben« ereilt, sondern einen oft langen Weg der Annäherung braucht. Natürlich gibt es dann den Moment, an dem einem klarwird, wofür das eigene Leben da ist, aber zumeist lässt sich von diesem Moment her auch eine Weggeschichte schreiben mit vielen kleinen Episoden. Das hat sehr wohl etwas mit der sanften Pädagogik des liebenden

Gottes zu tun, der auch die persönliche Heilsgeschichte Schritt für Schritt fast unbemerkt einstielen kann. Das ist sehr gut in einem meiner Lieblingssongs der Rockgruppe U2 festgehalten, in dem ihr Sänger Bono »I still haven't found, what I'm looking for« singt. »Ich habe noch nicht gefunden, wonach ich Ausschau halte« – ja, denn das gilt für den ganzen Weg. Auch wenn ich nämlich glaube, meinen Weg gefunden zu haben, bleibt es doch ein Weg, der nach vorne weist und mich weiterführt, neue Horizonte entdecken lassen will.

Ein solcher Berufungsweg dreht also die Perspektive um. Es geht nicht darum, einen seligen Endstatus nach einem langen Weg erreicht zu haben, es geht mehr darum, auf der Spur zu bleiben in eine Zukunft, die sich immer mehr öffnet, je mehr man ihr folgt.

Das lässt sich sehr schön am Weg des Paulus nachzeichnen. Sein bisheriger Weg – als frommer Jude und radikaler Theologe des Judentums – geht zu Ende in einer intensiven Begegnung mit Christus. Diese Begegnung, so berichtet die Apostelgeschichte, macht ihn zunächst einmal blind: Alle Kategorien brechen zusammen, alles, was vorher galt, gilt nicht mehr. Das braucht Zeit, und so berichtet die Schrift, dass er mehrere Jahre zurückgezogen lebt, und sich neu sortiert. Er wird dann von der Gemeinde in Antiochien in ein Missionsteam mit Barnabas hineingerufen, und beide machen sich auf den Weg. Mit der Zeit erst verstehen Paulus und seine Gefährten, wozu sie gerufen sind. Dabei wird sehr schnell deutlich: Der Weg der Aussendung lässt sich nicht als eine strategische Planung der Ausbreitung des Evangeliums lesen – es ist vielmehr von Anfang bis Ende ein Weg, der aus dem Geist Gottes lebt. Auf diesen Geist **93** zu hören, diesem seinen Ruf zu folgen, darum geht es eigentlich. Das lässt sich gut nachlesen: »Als sie zu Ehren des Herrn Gottes feierten und fasteten, sprach der Heilige Geist: Wählt mir Barnabas und Saulus zu dem Werk aus, zu dem ich sie mir berufen habe ... Vom heiligen Geist ausgesandt, zogen sie nach Seleuzia hinab ...« (Apg. 13,2ff.) Auf diesem Weg verkünden sie die Frohe Botschaft zuerst ihren Glaubensgenossen. Aber sie bleiben Hörende, und in dieser Haltung unbedingter Offenheit wird dann deutlich, dass sie sehr achtsam auf Widerstände sind. Es sind diese Widerstände, die sie erkennen lassen, dass ihre Verkündigung allen Völkern zuteil werden soll.

Es ist ein spannender Prozess der eigenen Berufungsentdeckung, der in der Apostelgeschichte immer wieder beschrieben wird. Ausgangspunkt ist immer ein Ereignis, das den bisherigen Gedanken und der bisherigen Praxis zuwiderläuft. Meistens geschieht dann eine Erfahrung, in der der Geist Gottes spürbar eine andere Richtung weist – und auf diese Weise sind die Apostel, ist Paulus herausgefordert, die eigene Tradition, das Wort Gottes neu zu hören. So ist es auch in diesem konkreten Zusammenhang der ersten Missionsreise. Als Paulus und Barnabas erkennen, dass die Juden das Wort Gottes nicht annehmen mögen, wird das »doppelte Hören« aktiviert: Die Umstände und das Wort Gottes klingen zusammen, als Paulus nach einem heftigen Streit und Aufstand der Juden in Antiochia in Pisidien sagt: »Euch musste das Wort Gottes zuerst verkündigt werden. Da ihr es aber zurückstoßt, und euch des ewigen Lebens unwürdig erweist, wenden wir uns jetzt an die Heiden. Denn so hat uns der Herr aufgetragen: Ich habe dich zum Licht für die Völker gemacht, bis an das Ende der Erde sollst du das Heil sein ... Das Wort des Herrn aber verbreitete sich in der ganzen Gegend.« (Apg 13,46ff.)

Noch deutlicher wird dies, als Paulus und seine Gefährten sich neu orientieren auf ihrem Weg. Es scheint so, als wollten sie gen Osten das Evangelium verkünden. Aber: »Weil ihnen aber vom Heiligen Geist verwehrt wurde, das Wort in der Provinz Asien zu verkünden, reisten sie durch Phrygien und das galatische Land. Sie zogen an Mysien entlang und versuchten, Bithynien zu erreichen; doch auch das erlaubte ihnen der Geist Jesu nicht. So durchwanderten sie Mysien und kamen nach Troas hinab. Dort hatte Paulus eine Vision. Ein Mazedonier stand da und bat ihn: Komm herüber nach Mazedonien und hilf uns. Auf diese Vision hin wollten wir sofort nach Mazedonien abfahren; denn wir waren überzeugt, dass uns Gott dazu berufen hatte, dort das Evangelium zu verkünden.« (Apg 16,6-10)

Das ist ja mehr als ein Reisebericht, es ist eine umwälzende Berufungsgeschichte: Sie ändert die Perspektive vollkommen und macht aus Paulus den Völkerapostel Europas. Dies alles geschieht in der tiefen Begeisterung und Leidenschaft für das Evangelium – die damit rechnet, dass eben dieser Geist den Weg weist.

Die Gaben ins Spiel bringen

Wenn Glauben ein solcher Weg der Konsonanz der inneren und äußeren Begeisterung ist, dann kommen natürlich auch alle Gaben und Talente ins Spiel, ins Glänzen – sie finden gewissermaßen ihren richtigen

Ort. Keiner hat wie Paulus in seinen Briefen diese Dimension unterstrichen, die aber wesentlich ist auch für uns heute. Er spricht davon, dass jeder und jede Gaben bekommen hat, die dann zum Nutzen anderer dienen.

Wann immer Glauben eine Zukunft hat, hängt er mit der Möglichkeit und Wirklichkeit zusammen, dass Menschen sich und ihre Gaben einbringen können. Der entscheidende Aspekt dabei aber ist, dass diese Gaben so ins Spiel kommen, dass zum einen der eigene Weg und die eigene Persönlichkeit entfaltet werden, aber dies zum anderen nicht in einer Art isolierter Selbstverwirklichung geschieht, sondern in der Tat anderen nützt und so eine neue Wirklichkeit aufgebaut wird. Und oft ist es dann so, dass Menschen mit ihren Gaben erst von anderen entdeckt und dann eingeladen werden, dies für andere nützlich werden zu lassen.

Mich hat in einer Pfarrei in Bonn tief beeindruckt, wie dort der Gemeinderat auf der Suche nach einer Person, die die Kommunikation stärken könnte, auf einen Hotelier kam, der im ganzen Stadtteil bekannt war und unheimlich viele Menschen kannte. Ihn baten sie, eine Kommunikationsaufgabe im Stadtteil zu übernehmen ... für die Gemeinschaft der Christen dort. Der Mann, der sich bislang gar nicht so engagiert hatte, war total überrascht und berührt, und hat – nach langem inneren Hinhören – dazu »Ja« gesagt. So ähnlich war es auch in einem Stadtteil von Poitiers in Frankreich. Dort lernten wir den Leiter einer örtlichen Gemeinde kennen. »Ich bin völlig überrascht gewesen, und wollte eigentlich »Nein« sagen, erzählte er. Aber dann haben sie mir gesagt: Du warst Stadtdirektor in Poitiers, du kannst das. Und mit Zittern und Zagen habe ich dann diese Aufgabe übernommen, mit der Hilfe von anderen.«

Keine Frage, dieses Einbringen von Gaben und Talenten geschieht oft »wie von selbst«, aber oft sind es eben auch andere, die ermutigen, und oft ist es auch eine Gemeinschaft, aus der und auf die hin sich die Gabe ausrichtet. Genau diese Ausrichtung hat eben mit dem Geist zu tun, der immer ein konkretes Ziel hat: die Gemeinschaft aller.

Sich hineinreißen lassen

Aber! Das ist ein herausfordernder Weg. Mich hat sehr beeindruckt, in den Schriften Bonhoeffers die Radikalität des Glaubensweges in ganz unreligiöser Weise ausgedrückt zu finden. Glauben, das heißt für ihn, »sich in den Weg Jesu hineinreißen lassen«, und er hat dies als Weg des Leidens gesehen. Hier bekommt die Dimension der Leidenschaft noch einmal eine tiefere Bedeutung. Sie steckt ja in dem Wort selbst. Zum einen meint Leidenschaft ja die unmissverständliche Alternativlosigkeit des Weges, auf den man sich gerufen fühlt. Gleichzeitig deutet das Wort aber auch an, dass – in der Spur Jesu und also des Glaubens – dieser Weg auch immer in Tiefen führt. In der Tat, die Wege des Glaubens sind auch Zumutungen, weil sie auch eine Dimension des Kreuzes in sich tragen: des Verlierens eigener Sicherheiten, der Ungewissheit unbekannter Wege, der Erfahrung der Fremdheit, des Schmerzes und des Missverstehens.

Diese Erfahrungen der »Nacht« und der »Verlassenheit«
gehören zu einer geistbewegten Leidenschaftlichkeit
dazu. Es wäre oberflächlich, würde man aus dem Glaubensweg ausblenden, was ihn doch wesentlich auszeich-
net. Er geht in der Spur Jesu, und diese Spur führt
eben durch den Tod zum Leben. Die Teilhabe an diesem Geheimnis macht aber den Glauben erst authen-
tisch. Sie umfasst nicht nur eine erste Begeisterung,
sondern führt in eine große Tiefe, die auch immer wieder das Geheimnis des Weizenkorns birgt: »Wenn das
Weizenkorn nicht in die Erde fällt und stirbt, bleibt es
allein; wenn es aber stirbt, bringt es reiche Frucht«,
sagt Jesus und meint dabei mehr als eine Bauernweis-
heit (vgl. Joh 12,24). Der Weg des Glaubens ist eine
Verwandlung, eine lebenserneuernde Verwandlung, die
über den Tod hinausreicht.

Die Erfahrungen meines Lebens aus dem Glauben
und meines leidenschaftlichen und begeisterten Weges sind immer wieder durch diese Momente gekenn-
zeichnet. Ich habe mir nie ausgesucht, im Dunkeln zu
stehen, ich habe nie geahnt, dass so etwas in meinem
Leben sich ereignen könnte. Und dennoch kehrten
diese Momente, unerwartet, ungewünscht und un-
verhofft, immer wieder. Aber sie waren auch Meilen-
steine. Denn immer wieder führten sie mich zu mehr
Leben. Das konnte ich immer erst im Nachhinein sagen. Während solcher Phasen der Verzweiflung und
des Dunkels, aber auch der Ohnmacht und der eigenen Fehlbarkeit, des Versagens und der Niederlagen,
wirkt alles wie verschwunden, ist auch die Begeisterung nicht mehr spürbar, bleibt von der Leidenschaft
nur das Leiden. Aber durch diese Zeit hindurch gibt es

neue Anfänge, Weitungen, Ausblicke und eine Freude, die nur der Glaube bringt.

Es gehört aber wesentlich dazu, ja es ist die Echtheit begeisterter Leidenschaft, die neue Leidenschaft und neue Begeisterung hervorbringt.

»Wer sagt, er sei im Licht, aber seinen Bruder hasst, ist noch in der Finsternis. Wer seinen Bruder liebt, bleibt im Licht, da gibt es für ihn kein Straucheln.« (1 Joh 2,9f.) Klare Sätze aus dem Johannesbrief, die in einem klaren Statement münden: »... die Liebe ist aus Gott und jeder, der liebt, stammt von Gott und erkennt Gott. Wer nicht liebt, hat Gott nicht erkannt, denn Gott ist die Liebe.« (1 Joh 4,7f.)

Damit ist eigentlich schon fast alles gesagt. Glauben, der eine Perspektive und Vision hat, zeigt sich konkret immer als Liebe. Als konkrete Liebe zum konkreten Nächsten. Das liest sich im Jakobusbrief noch deutlicher: »Meine Brüder, was nützt es, wenn einer sagt, er habe Glauben, aber es fehlen die Werke? Kann etwa der Glaube ihn retten? Wenn ein Bruder oder eine Schwester ohne Kleidung ist und ohne das tägliche Brot, und einer von euch zu ihnen sagt: Geht in Frieden, wärmt und sättigt euch!, ihr gebt ihnen aber nicht, was sie zum Leben brauchen – was nützt das? So ist auch der Glauben für sich allein tot, wenn er nicht Werke vorzuweisen hat ...« (Jak 2,14-17)

Das hat nicht – wie Luther befürchtete und deswegen den Jakobusbrief nicht schätzte – mit irgendeinem Leistungsdenken zu tun, mit dem Erwerb von Meriten für den Himmel, sondern es hat was mit der »Ur-sprungs-kraft« des Glaubens zu tun. So sehr er hörend, so sehr er wahrnehmend ist, die Leidenschaft und die Begeisterung des Glaubens finden ihr Ziel in den Menschen, die bedürftig sind.

Die Vision der Liebe

Darum lässt sich ja im Handeln Jesu sehr gut erkennen, worin der Zusammenhang zwischen Glauben und Lieben besteht: denn die ursprüngliche Erfahrung Jesu ist ja genau die: unbedingt und ganz personal geliebt zu sein durch die unglaubliche Liebe Gottes, und zugleich zu spüren, dass diese Liebe alle betrifft: Das Nahsein des Reiches Gottes zeigt sich konkret im Wahrwerden der Liebe unter den Menschen, in der Heilung der Kranken, in der Befreiung der Besessenen ...

Es ist also gar nicht möglich zu glauben, dass in diesem Glauben nicht die Liebe zum Nächsten steckt. Genauso hat Jesus ja gehandelt. Aber wichtig ist in diesem Zusammenhang die Tiefendimension dieses Liebens, wie sie sich in den Evangelien zeigt. Es ist nämlich nicht einfach ein wohlwollender Humanismus, es ist nicht »besorgte Liebe« aus einer wie auch immer gearteten religiösen oder humanistischen Motivation heraus, die mitleidig auf die Welt schaut. Es geht um etwas ganz anderes.

Liebe ist Beim-anderen-Sein, seine Bedürfnisse und seine Bedürftigkeit mit ihm teilen, sich auf ihn einlassen, ganz dort sein, wo er oder sie ist. Das wird im Geheimnis der Menschwerdung Gottes offenbar. Zu Weihnachten, zum Fest der Geburt Christi, wird endgültig klar, wie Gott sich zum Menschen stellt: Er wird Mensch, er wird einer von uns, er lässt sich auf die Welt, wie sie ist, ein. Von daher ist Liebe ein Dienst am Anderen: »Was willst du, was ich dir tue«, das ist die beeindruckende Frage Jesu an einen Blinden, der zu ihm hinläuft. Dieses »Sich-Einlassen« auf die Wirklichkeit des Menschen, dieses Teilen seines Lebens, macht Liebe zur Liebe. Es ist also kein »Kommen von außen, um dem Hilfebedürftigen gnädig Hilfe zu gewähren«, sondern das pure Gegenteil: Es ist der Wunsch, den Anderen, auch in seiner Schwäche, groß zu machen. Dabei fällt auf: Die konkrete Liebe setzt auch immer voraus, dass der andere sich ehrlich und wirklich geliebt fühlt. Sie überwältigt nicht, sondern sie sucht die Beziehung auf Augenhöhe und möchte dann das Leben des Anderen teilen, eins werden.

Als Jesus seinen Jüngern die Füße wäscht, als er ihnen nahebringen will, dass es um echte Liebe geht, wird deutlich, wie sehr es hier immer um ein beziehungs-stiftendes Geschehen geht, das heilend, befreiend und ermöglichend wirkt.

»Wer ist mein Nächster«, das fragte ein jüdischer Theo-loge, nachdem er Jesus ins Kreuzverhör genommen hatte, und beide schon an dem Punkt waren, sich über die Grundwahrheiten ihres Glaubens zu verständigen: denn Gott lieben und den Nächsten lieben, das ist ja die Essenz und Summe des Glaubens. Und interes-sant ist, dass dann der Schriftgelehrte noch diese eine Frage stellt. Und Jesus erzählt von der Liebe in einer Geschichte – er ist ja ein begabter Storyteller: Er erzählt von einem Mann, der unter die Räuber fällt, und dem der Samaritaner hilft (der »barmherzige Samariter« wird er deshalb ja auch genannt). Aber, und das ist die eigentliche Pointe, Jesus verändert die Frageperspek-tive, er dreht sie gewissermaßen um: »Wer hat sich als Nächster dessen erwiesen, der unter die Räuber gefallen ist ...?« Natürlich ist die Antwort klar: derjenige, der Liebe erwiesen hat, der den Anderen gesehen hat, und sich um ihn gekümmert hat.

Liebe allein genügt

Von daher ist noch einmal tiefer weiterzufragen. Das Kriterium für das Himmelreich ist einzig die Liebe, wie Jesus sagt. Es gibt eine faszinierende Geschichte, die er erzählt. Am Ende der Geschichte, in der Fülle der Liebe, zählte tatsächlich nicht der Glauben an ein höheres Wesen, auch nicht der Glauben an die Liebe, sondern die konkrete Liebe in der konkreten Situation: »Was ihr dem geringsten meiner Brüder getan habt, das habt ihr mir getan«, sagt Jesus, und die, die als Liebende von ihm erkannt wurden, die fragen ganz erstaunt: Wir haben dich nicht erkannt, wir haben nur konkret geliebt.

Eben, es geht nicht um einen wie immer gearteten Glauben, der religiös die Liebe motiviert, sondern es geht um radikale und leidenschaftliche Liebe, die dem anderen »zu Diensten« ist. Sie ist gewissermaßen die Außenseite des Glaubens, die Wahrheit des Glaubens.

Damit aber ist auch klar, dass diese Liebe eine Kunst ist, eine Grundhaltung mit spezifischen Kennzeichen, die sich nicht »automatisch« ergeben.

Ein erstes Kennzeichen dieser Liebe ist es, dass sie niemanden ausschließt. Es geht immer um alle, es geht um jeden. Damit ist schon klar, dass sie nicht zuerst mit Sympathie zu tun hat. Genau das wäre Freundschaft: Sie sucht und findet in der Regel nach ihresgleichen, sie sucht die Korrespondenz, den Gewinn, die Ergänzung. Hier geht es um etwas anderes – um eine Liebe, die den anderen nicht kategorisiert, sondern sich unbegrenzt auf ihn einlässt.

Das ist nicht einfach: Wir alle sind geprägt von Vorlieben, wir haben einen sehr engen »Beziehungsbereich«, in dem es uns gutgeht, der uns angenehm ist. Ich erinnere mich an so viele Begegnungen, die mich herausforderten und bleibende Herausforderung sind. Als ich in Rom studierte, standen jeden Morgen ein Vater und sein kleines Kind vor der Tür der Theologischen Uni, der Gregoriana. In dieser Zeit hatten wir uns in einer kleinen Gruppe vorgenommen, uns wirklich einzulassen auf die Bitten der Menschen. »Ich brauche Lebensmittel, könntest du uns welche kaufen?« Und ich bin mitgegangen, und sie haben eingekauft. 30.000 Lire – etwa 30 Mark – waren für mich eine Menge Geld. Ich war echt herausgefordert. »Alle« zu lieben, so wie sie sind, das entspricht nicht so sehr unseren Erfahrungen und Geschmäckern. Ich erinnere mich auch an die vielen Begegnungen in meinem Pfarrhaus mit Menschen, die anklopften, bei denen es gelang, wirklich einen Dienst zu tun – aber auch an manche Niederlage. Denn wenn ich nicht meine Vorurteile beiseite lasse, wird auch der andere merken, dass ich mich ihm nicht wirklich zuwende.

Liebe, und das ist ihr zweites Merkmal, wartet nicht, sondern springt zuerst. Sie ist initiativ, sie ergreift die Initiative und erwartet nicht von einem anderen, dass etwas geschieht. Und von daher ist sie auch bereit zur Einseitigkeit, erlebt aber immer wieder die Wechselseitigkeit. Ganz deutlich ist das ja bei Eltern zu erleben. Die unbedingte und bedingungslose Liebe zu einem kleinen Kind entspringt dem Herzen der Eltern, ist immer eine Vorgabe und führt eben dazu, dass diese Liebe erwidert wird, wie in einem Spiegel. Aber auch das Durchwachen der Nächte bei Krankheiten, die ungeheure Geduld in den Lernprozessen des Kindes – ich bewundere diese ungeheure Liebeskraft, die hier deutlich wird. Sie entspricht wirklich jener Ursprungskraft der Liebe, die Gott selbst ist. Und deswegen glaube ich gerne, was einer der größten Theologen des 20. Jahrhunderts, Hans Urs von Balthasar, in diesem Zusammenhang sagte: Im Angesicht der lächelnden Mutter wird dem Kind Gottes Liebe nahekommen. Das gilt vielleicht auch umgekehrt. Und dann spiegelt sich in der Liebe und Hingabe für den anderen Gott selbst.

Und schließlich: Die Liebe lässt sich radikal auf den anderen ein. Ein Meister dieser Liebe war Paulus. Er beschreibt in seinen Briefen immer wieder, dass diese Liebe ihn dazu führt, allen alles zu werden: den Juden ein Jude, den Griechen ein Grieche – sich also auf die Lebenswelt des Anderen ganz einzulassen und damit eine Liebe zu bezeugen, die vom anderen her denkt, von dem, was der andere braucht, verstehen kann, bedarf. Vielleicht ist das das Entscheidende der Liebe. Diese Dimension der Liebe nennt man mit einem Begriff, der aus dem Griechischen kommt, Kenosis. Und eigentlich müsste man sagen, dass damit das Wesen der Liebe, die aus dem Glauben kommt, entscheidend beschrieben ist.

Der Begriff kommt aus einem Paulusbrief. Dort beschreibt Paulus die Liebe, die er sich in einer christlichen Gemeinde wünscht, und fährt so fort: »Seid untereinander so gesinnt, wie es dem Leben in Christus Jesus entspricht. Er war Gott gleich, hielt aber nicht daran fest wie Gott zu sein, sondern er entäußerte sich, und wie ein Sklave, und den Menschen gleich ...« (Phil 2,5-7) Diese Entäußerung, dieses »sich entleeren«, um ganz mit dem anderen zu sein, um ganz in seinem Leben und in seinem Dienst zu sein, das ist das Kennzeichen. Es macht deutlich, dass solche Liebe nicht den anderen zu etwas bewegen will, ihn »haben« will, sondern sich zu haben gibt, damit Leben wird.

Nicht Religion, sondern Leben

Wer so hinschaut, der wird entdecken, dass es beim Glauben um die Verwirklichung eines Lebensvollzuges geht, der vom anderen her und mit dem anderen denkt – und sich in seinen Dienst stellt. Es geht nicht um eine religiöse Überhöhung der Liebe zum Nächsten, sondern um eine radikale Verwirklichung des Ur-Sprungs hin zum anderen. Genau dieser Ursprung, diese Wandlung von Religion in konkrete Hingabe ist als Programm im II. Vatikanische Konzil formuliert: »Freude und Hoffnung, Trauer und Angst der Menschen, besonders der Armen und Bedrängten jedweder Art, sind auch Freude und Hoffnung, Trauer und Angst der Jünger Christi«, so schreibt es Gaudium et Spes 1.

Genau in dieser Perspektive verwirklicht sich also der Glaube. Ich erinnere mich gerne an den Besuch der anglikanischen Gemeinde »legacy XS«. In den weiten Einzugsgebieten Londons befindet sich eine kleine

Vorstadtkommune – an der Hauptstraße liegen die klassischen Kirchen klassischer Denominationen, von den Anglikanern bis zu den Presbyterianern. Aber dann kam ein begeisterter junger Mann, er war Hausmeister, der sich fragte, wie er mit jungen Menschen etwas gemeinsam tun könnte. Hier, im Vorstadtmilieu, gab es buchstäblich nichts. Und so überlegte er, was junge Menschen wohl gut fänden …: es entstand ein Skaterclub dem nach einigen Jahren über 2000 junge Leute angehörten. Diese Initiative ermöglichte es vielen, sich in ihrer Freizeit zu engagieren, und es entstand auf dem Hintergrund des Engagements auch eine Gemeinde, bei der an jedem Wochenende 80 junge Leute einen Skatergottesdienst feiern. Zehn von ihnen bilden mit dem jungen Leiter, der inzwischen für diese Aufgabe Pastor der anglikanischen Kirche geworden ist, eine Art christlicher Lebensgemeinschaft, die ganz im Dienst dieses Skatervereins steht.

Dieser Blick vom anderen ist ja ein sehr konkreter Blick auf die Bedürfnisse der Menschen, mit denen ich gemeinsam Leben gestalten will. In Aachen, bei der neu entstandenden Gemeinde »Zeitfenster«, habe ich diesen Blick noch radikaler kennengelernt. Die Geschichte ist schnell erzählt: Eine Gruppe von jungen Familien fand keinen Zugang zu klassischen kirchlichen Gemeinden und öffnete ein »Zeitfenster« am Sonntagnachmittag. Die Gruppe wuchs zusammen, und ab einem bestimmten Punkt war die Frage, ob sie jetzt weiter zusammenbleiben wollten oder ob es eine Perspektive gäbe zu wachsen. Denn es war ja klar, dass wahrscheinlich auch andere Erwachsene im Alter zwischen 30 und 55 ähnliche Bedürfnisse haben könnten.

Dann begann das professionelle Abenteuer: denn dieses genaue Hinschauen auf die Bedürfnisse der Menschen nennt man im Kontext des Marketing »Adressatenorientierung«. Und die Methoden, die sich auch wirtschaftlich bewährt haben, bekommen hier noch eine andere Dimension: Es geht ja wirklich darum, einen Dienst – eine Dienstleistung – zu tun, damit Menschen wieder einen Zugang zum Evangelium bekommen. Dazu aber muss man zutiefst verstehen, was sie bewegt. Dieser Weg ist in Aachen gegangen worden – und in vielfältiger Weise wurden Menschen befragt und auf diese Weise selbst »Mitschöpfer« eines Gottesdienstes, der seit einigen Jahren nun ein bewährtes Angebot für suchende »Entvolkskirchlichte« ist.

Mich erinnert das sehr an die Praxis des Paulus, der ja auch den Griechen ein Grieche, den Römern ein Römer werden wollte. Man kann seine »Methode« sehr gut nachvollziehen, wenn man sich die Radikalität und Leidenschaft anschaut, die er in Athen auf dem Areopag zeigt. Im Gespräch mit den Athenern und ihren Philosophien, im genauen Hinschauen auf ihre Religion, knüpft Paulus genau in ihrer Welt an und versucht, aus der Perspektive der Griechen die frohe Botschaft zu verkünden. Auch wenn das noch sehr holprig klingt, der Maßstab ist gelegt.

Ubi caritas …

Von daher fällt ein Blick auf die intensive caritative Tätigkeit, die es in unserer Gesellschaft, in unseren Kirchen gibt. Und gerade auch die vielen Asylbewerber und Migranten, die große Welle der Flüchtlinge, machte und macht deutlich, wie viele Menschen – aus sehr unterschiedlichen Motivationen und spirituellen Traditionen – sich einlassen auf den Dienst an den Menschen. Und wie viel Menschen auch bei den großen Dienstleistern der Caritas und Diakonie Liebe mit Professionalität und Begeisterung leben. In den sozialen Berufen, in Kindergärten, in Altenheimen braucht es ja genau solche Liebe – und viele Mitarbeiterinnen und Mitarbeiter steigen mit hoher Leidenschaft in diesen Dienst – mit tiefer Liebe.

Meine persönlichen Erfahrungen reichen schon ein paar Jahre zurück. Aber in der Zusammenarbeit mit Erzieherteams in Kindergärten habe ich diese Leidenschaft für die Menschen erlebt, eine Liebe, die weit über eine professionelle Arbeit hinausreichte. Und entsprechend strahlten diese Orte auf alle, die zu ihnen kamen, auch ein »Mehr« aus. Es ging nicht nur um die Begleitung von Kindern, es ging nicht nur um die Gestaltung von Festen und Elternabenden, da war ein »Geist« spürbar. Und dieser »Geist«, diese Atmosphäre machte den Unterschied aus. Menschen konnten und können wachsen in diesem Geist, der den Mehrwert ausmacht. Menschen aller kulturellen Hintergründe spüren ihn, suchen ihn – weil sie nach dem Mehr der Liebe suchen.

Ich habe immer wieder bewundert, mit welcher Leidenschaft und Genauigkeit die Mitarbeiterinnen sich auf die ganz persönlichen Situationen der Kinder einließen und agierten, damit der »kleine Mensch« wachsen konnte. Ich habe immer wieder bewundert, mit welchem Glauben an den Menschen sie handelten, und wieviel Kraft sie investierten. Ja, so verstand ich, dass ein solches Handeln aus seiner Natur heraus spirituell ist, aus einem Geist stammt und von ihm geführt wird.

Deswegen stimmt ja auch, was in der alten Kirche gesagt wurde, und was in einem der bekanntesten Lieder aus Taizè in alle Ohren kommt: ubi caritas et amor, ibi Deus est – Wo die Güte und die Liebe ist, da ist Gott.

Neighbourhood

Im vergangenen Jahrzehnt ist mir die Idee und Erfahrung der »Small christian communities« nahegekommen. Es ist eine weltkirchliche und auch ökumenische Entwicklung, die das Wachsen der Kirche immer sehr lokal ansiedelte, in örtlichen Gemeinden, in Stadtteilen, in Straßenzügen, in Lebensraumbezügen oder am Arbeitsplatz – immer in einem Bezugsrahmen, der relevant ist und der auch immer noch in personalen Bezügen zu fassen ist, Beziehungen im Alltag relevant sein lässt. Im englischen Sprachraum wurde hier der Begriff einer »church in the neighbourhood« geprägt – die Kirche in der Nachbarschaft. Nein, es ging nicht um kleine spirituelle Selbsthilfegruppen, sondern um sehr konkrete Gemeinschaften von Menschen, in denen die Nachbarschaft, der Nächste, eine entscheidende Rolle spielt. Immer wieder habe ich die wunderbar einfachen Geschichten erzählt bekommen. Ich erinnere mich, wie konkret es in dem kleinen indischen Dorf zuging: das Reinigen des Teiches, die Besuche der Kranken, das Mitbauen an der Straße – und wie konkret geholfen wurde, wenn ein Hindu krank war. Ich erinnere mich an den Mietblock in Mumbai, wo wir von wunderbaren Lotusblütengemälden empfangen wurden. »Habt ihr das gemacht?«, fragten wir die, die uns eingeladen hatten. »Nein, das waren unsere hinduistischen Nachbarn ... Die sagen nämlich: Wir sind hierher gezogen, in dieses Neubauviertel, weil hier Christen wohnen – denn bei denen ist die Atmosphäre im Haus anders ...«

Neighbourhood, was wir mit Nachbarschaft übersetzen, heißt ja eigentlich »Nächstenraum«, das Wort für Nachbar und Nächster ist gleich. Von daher zeigt sich hier eine Entwicklung weg von den großen Kirchenstrukturen hin zu den »small communities«, weil die Frage nach dem Nächsten die entscheidende Glaubensfrage – die Frage nach der Glaubwürdigkeit des Glaubens – ist. Es gibt keine Alternative für die Kirche der Zukunft als die Rückkehr zur Nähe, zum Nächsten, zur Nachbarschaft.

Spannend ist in diesem Zusammenhang die Fülle von Erfahrungen, die seit Anfang der 80er-Jahre gesamtgesellschaftlich dieselbe Rückkehr in die »Nähe« bezeugen. Die lokalen Initiativen, die Sorge um die Sterbenden in den Hospizvereinen, die Experimente mit lokaler Verantwortung, Partizipation und Konkreation, die hohe Kreativität der Selbstorganisation in vielen Bereichen – all das bezeugt eine Wende zum Nächsten, eine Wende, die in sich eine soziale Revolution bedeutet. Dabei stellt sich zunächst gar nicht die Frage nach dem Glauben, wohl aber wird eine konkrete Liebe gelebt, wird Solidarität und wechselseitige Unterstützung ermöglicht, wird menschliches Leben vernetzt.

Mich hat in diesem Kontext eine Erfahrung aus Italien sehr berührt. In einer Straße in Bologna zogen zwei junge Leute zu, die niemanden in dieser Stadt kannten. Und natürlich folgen Großstädte eher der Logik der Anonymität. So aber gründeten die beiden eine geschlossene facebookgruppe für Anwohner dieser Straße, und es entwickelte sich überraschend schnell eine echte Solidarität zwischen den Unbekannten: Austausch, Begegnung und Fest wurden zum Bedürfnis. Die Initiative »social street«, die inzwischen in vielen Ländern verbreitet ist, war geboren.

Und überall findet sich hier dieselbe Codierung: Es geht um alltagsrelevante Nähe und Solidarität, es geht um konkrete Liebe, die immer nur mit dem Nächsten, mit den Nächsten gelingt. Aus Liebe zum Nächsten wachsen, so sieht man neue soziale Initiativen und entstehen innovative Firmenmodelle, wie sie auch für die Zukunft wichtig werden können.

Diese Codierung nimmt den anderen ernst, bewirkt aber erheblich mehr: Weil sie auf den anderen ausgerichtet ist, fordert und fördert sie eine neue Menschlichkeit, in der Partizipation und Teilhabe, Gaben und Aufgaben, Selbstorganisation und Verantwortung den Menschen mehr zum Subjekt, zum Akteur werden lassen.

Keine Frage: Dies ist ein machtvolles Zeichen der Zeit, was sich in Begriffen wie Bürgergesellschaft, Partizipation und »Community Organizing« nur skizzenhaft beschreiben lässt. Aber wenn wir den Mut haben, diese Zeichen im Licht des Evangeliums auszuleuchten und zu deuten, dann wird schnell klar, dass der Glauben der Zukunft – wie zu allen Zeiten - die Liebe zum Nächsten in den Mittelpunkt stellt: Der Nächste. Bitte!

Wer einmal im Sommer in Barcelona die lange Promenade am Hafen entlangschlendern konnte oder auf dem Fahrrad daran entlangfährt, der wird an einer Stelle wie von selbst ganz fasziniert stehen bleiben. Musik erklingt. Und Menschen tanzen – Standardtänze sind angesagt. Und die unterschiedlichsten Paare, alte und junge, tanzen einfach. Die pure Lebensfreude ist in ihren Gesichtern. Und selbst wenn man, wie ich, nicht tanzen kann: Allein das Zuschauen nimmt einen gefangen, und man fühlt sich mittendrin in diesem dynamischen Gefüge des Miteinanders, das wie von selbst entsteht. Und wenn ich genau hinschaue, diese Gemeinschaft des Tanzens ist vertraut und doch immer wieder neu. Partner wechseln, Paare kommen dazu, andere gehen wieder – ein sich ständig veränderndes frohes Gefüge.

An diese kleine Erfahrung muss ich denken, wenn ich über den Glauben der Zukunft nachdenke. Ja, denn er ist wesentlich gemeinschaftlich. Glauben geht nicht alleine, wenigstens dann nicht, wenn er christlich ist. Das liegt in seiner Natur. Die biblische Tradition ist bemerkenswert deutlich. Dabei reflektieren die biblischen Schöpfungsgeschichten ja auch und gerade die Erfahrungen gelungenen und misslungenen Menschseins. Es ist aber beeindruckend, wie deutlich hier die wesentliche Beziehungsdimension des Menschseins beschrieben wird. Und noch beeindruckender ist es, die Begründungen zu lesen: »Dann sprach Gott: Lasst uns Menschen machen als unser Abbild, uns ähnlich. Sie sollen herrschen über die Fische des Meeres, über die

Vögel des Himmels, über das Vieh, über die ganze Erde und alle Kriechtiere auf dem Land. Gott schuf also den Menschen als sein Abbild, als Abbild Gottes schuf er ihn. Als Mann und Frau schuf er sie. Gott segnete sie ...« (Gen 1,26ff.)

Sehr verdichtet und auch noch ein wenig rätselhaft kommen hier einige Perspektiven ans Licht, die einfach grundlegend sind: Der Mensch ist auf eine wechselseitige Beziehung angelegt, und er und sie sind verwirklicht in diesem Beziehungsreichtum, der auf Augenhöhe und Gleichberechtigung verweist (selbst wenn dies in den letzten 3.000 Jahren seit Entstehung dieses Textes alles andere als verwirklicht ist). Aber noch erstaunlicher ist ja, wie diese Beziehungsdimension begründet wird: Gott ist ein Plural, Gott selbst ist eine Beziehungswirklichkeit, und deswegen kann sein Abbild nicht eine Person sein.

Es ist ja überraschend, dass in der anderen Geschichte der Schöpfung, die im 2. Kapitel der Genesis direkt folgt, die Beziehungsdimension weiter geschärft wird: Auf der einen Seite lebt der Mensch aus dem Atem Gottes, die Grundbeziehung des Anhauchens unterscheidet den Menschen von allen Geschöpfen – und als dann »aus der Rippe« des Mannes die Frau geschaffen wird, gelingt hier erstmals gleichwertige Beziehung, die so tief reicht, dass der Text davon spricht, dass sie eins werden, ein Fleisch in ihrer Beziehung, und dass diese Beziehung stärker ist als alle familiäre Verbundenheit.

Es bleibt ein Geheimnis, wie und warum Gott hier im Plural ist, mit sich spricht, was ja eine Beziehungsdi-

mension in Gott voraussetzt. Aber man kann ja rück-
schließen: Wenn Gott der Schöpfer ist, und wenn in der
Schöpfung ein »Ökosystem« aufstrahlt, in dem alles mit
allem verbunden ist – wie ist dann Gott zu denken, und
wie die Gemeinschaft zwischen den Menschen, die doch
in ihm ihren Ursprung hat?

Der Tanz

Wer ist dieser Gott? Diese Frage spitzte sich in der
unglaublichen Erfahrung der Glaubenden zu, wie sie
sich nach Ostern immer mehr zeigt. Das Ereignis von
Pfingsten, das Kommen des Heiligen Geistes fügt Menschen in einer Gemeinschaft zusammen, die sie bislang
nie so erlebt hatten. Wer die Apostelgeschichte liest,
wird darüber stolpern, wie radikal diese Gemeinschaft
erfahren wurde: »Und alle, die gläubig geworden waren,
bildeten eine Gemeinschaft und hatten alles gemeinsam.« (Apg 2,44) »Die Gemeinschaft der Gläubigen war
ein Herz und eine Seele. Keiner nannte etwas von dem,
was er hatte, sein Eigentum, sondern sie hatten alles gemeinsam.« (Apg 4,32) Und genau das war die Erfahrung
der ersten Christen, wie sie auch in den Paulusbriefen
bezeugt wird: Menschen, die durch die Begegnung mit
Christus aus diesem Ursprung der Liebe heraus lebten,
erfuhren sich in ungeahnter Weise verbunden. Wenn
Paulus dafür Bilder sucht, dann spricht er davon, dass
die Christen über jede soziale und kulturelle Unterscheidung hinaus »Einer in Christus« (Galaterbrief)
sind, »ein Leib«, bei dem die Glieder zueinander gehören und aufeinander angewiesen sind (Korintherbrief).
Wenn man die neutestamentlichen Erfahrungsberichte
sichtet, fällt dabei ein ganz kleines Wörtchen in ganz
unterschiedlichen Konnotationen auf: Das Wort »ein-

ander« findet sich immer wieder, um die Grundbezogenheit der Christen zu beschreiben und die Dichte der Gemeinschaft ins Wort zu bringen.

Und diese Dichte der Gemeinschaft verdankt sich ihrem Ursprung, verdankt sich Gott. Denn damals wie heute ist die Erfahrung der Gemeinschaft, in deren Mitte das Geheimnis der Liebe lebt, ungeheuer stark, weil sie die Grenzen von Völkern, die Grenzen von Kulturen und Milieus überwinden kann, und sogar, wie die Apostelgeschichte geradezu penetrant formuliert, die Frage des Besitzes und des Geldes in eine neue gemeinsame Ökonomie führt.

Aber immer, wenn hier von Gemeinschaft der Glaubenden die Rede ist, die »eins« sind, dann geht es nicht um Vereinheitlichung, dann geht es nicht um einschränkende und gefangennehmende Gemeinschaft, nicht um Exklusivität, sondern um das Offenbarwerden einer neuen Wirklichkeit, die doch zugleich – siehe die Schöpfungsgeschichten – zutiefst eingeschrieben ist in uns.

Um diese Wirklichkeit tiefer beschreiben zu können, suchten christliche Denkerinnen und Denker immer wieder nach einem Bild, nach einer Grunderfahrung, die dies zum Ausdruck brachte, und sie kamen auf das Tanzen. Es gab in der damaligen Kultur einen ganz besonderen Tanz, der dieses Ineinander von Innigkeit, Beziehung und Eigenstand widerspiegelte. Man nannte ihn »Perichorese«, ein Tanz, bei dem einer die andere umtanzte, immer wieder die Position wechselte – das wechselseitige Platzgeben, das Umtanzen, das einander **117**

Raumgeben, das wechselseitige Profilieren und »groß-werden« lassen – genau das ist möglich in jenem Geist, der Menschen so tief verbindet und zugleich frei und individuell sein lässt.

Und gleichzeitig warf diese Erfahrung ein Licht auf den Ursprung, auf Gott und seine Liebe. Und auf einmal »sprach« die Schöpfungsgeschichte und der Plural Gottes noch einmal ganz neu: Das »Wir« hatte sich in der Begegnung von Jesus mit dem »Vater« doppelt erschlossen: dass nämlich einerseits eine so intensive Beziehung zwischen Gott und Mensch da ist, dass sie dichter nicht mehr zu denken ist – »Ich und der Vater sind eins« – und dass zugleich alle Menschen in dieser Beziehung eingebunden und einbezogen sind. Brüderlichkeit, Geschwisterlichkeit sind keine äußeren Wirklichkeiten, sondern beschreiben einen inneren Zusammenhang der Liebe, der sich aus dieser Beziehung von Gott her schenkt.

Diese unglaubliche Beziehungswirklichkeit, die Christen untereinander erlebten, ließ sie verstehen, wer Gott eigentlich ist: Tanz, »Perichorese«, Einheit in Vielfalt, Vielfalt ganz eins: Die christliche Lehre von der Dreifaltigkeit Gottes ist keine theoretische Spintisiererei, sondern das Ergebnis des Hinschauens und Nachdenkens über den Gott, der so nah und so liebend Menschen verknüpft und vereint in seinem Geist.

Und damit wird klar: Glauben mit Zukunft lebt die Dreifaltigkeit, lebt das Miteinander. Die Frage wird nur sein: Wie geht das?

Communio

Keine Frage: Glauben und Gemeinschaft gehören zusammen. Aber zugleich gilt: Die klassischen Bilder, die damit im kollektiven Unbewussten aufgerufen werden, gelten nur noch bedingt. In den Köpfen und Herzen vieler – ob sie nun dabei sind oder schon lange nicht mehr oder noch nie – leuchtet das Bild einer festgefügten und vertrauten Gemeinschaft auf, der klassischen Gemeinde, bei der man in ganz bestimmter Weise dabei sein muss oder doch sollte. Aber dieses Bild ist eigentlich Vergangenheit – so ist es schon lange nicht mehr, auch nicht in den Gemeinden vor Ort. Wie Gemeinde sich bildet, wie sie sich zeigt, das ist seit mehr als fünf Jahrzehnten in einem fundamentalen Wandel. Das hängt natürlich mit gesellschaftlichen Entwicklungen zusammen, die sich spätestens seit dem Zweiten Weltkrieg ereignet haben.

Damit wird schon eines klar: Es ist genauer hinzuschauen, was die Gemeinschaftsdimension des Glaubens eigentlich meint und wie sie gelebt werden kann – und das ist zu unterscheiden von den geschichtlichen »Gestalten« gemeinschaftlich gelebten Glaubens, die wir kennen. Und in der Tat, die »sozialen Formen« des Glaubens hängen eng mit den Zeitzeichen, mit den gesellschaftlichen Entwicklungen und Tendenzen zusammen, die von Generation zu Generation gelebt werden. Also ist schon mal von vornherein klar, dass es da keine ein für alle Mal genormten Formen gibt – und auch das Gemeindeverständnis, wie wir es heute zuweilen für »ewigwährend« halten, ist noch keine 50 Jahre alt.

Aber grundlegend ist die Substanz, und sie wird im Begriff der Communio gut zum Ausdruck gebracht. Das kann man gut mit Gemeinschaft übersetzen, muss aber zugleich hinzufügen, dass auch hier im Hintergrund die Erfahrung dreifaltigen Beziehungsreichtums Gottes eine Rolle spielt. Denn die Gemeinschaft, die hier gemeint ist, erweist sich als Geschenk, nicht als Frucht des Machens. Sie ereignet sich, sie spielt sich unerwartet zu und ist doch so erhofft und so ersehnt.

Und sie ist auch nicht ein Geschehen, das an Kirchenräume oder Gemeindehäuser gebunden ist, sondern ist beziehungsgebunden, an das Leben des Miteinanders von Christen, an allen Orten. Das Matthäusevangelium bringt diese »fluide« und ereignisbasierte Wirklichkeit zum Ausdruck: »Wo zwei oder drei in meinem Namen versammelt sind, da bin ich mitten unter ihnen.« (Mt 18,20) Hier ist noch nicht mal davon die Rede, dass es zwei oder drei Katholiken, Protestanten sein müssen, oder überhaupt Christen – überall da, wo sich die Tiefe der Liebe zwischen Menschen ereignet, wo der »Name«, das heißt die »Wirklichkeit« Jesu sich ereignet, geschieht diese tiefe Gemeinschaft, deren Mitte die Wirklichkeit Gottes ist: der Tanz, das Tanzen – ein Tanzen, das zutiefst eingegründet ist in die Schöpfung, verwurzelt im Ursprung Gottes selbst.

Paulus bringt dies in unnachahmlich kräftiger Weise zum Ausdruck, wenn er von seiner eigenen Aufgabe spricht. Das Evangelium, die frohe Botschaft von der Gegenwart Gottes, ist eben nicht eine Fülle von Sätzen, sondern ein Ereignis: »Ich diene der Kirche durch das Amt, das Gott mir übertragen hat, damit ich euch das

Wort Gottes in seiner ganzen Fülle verkündige, jenes Geheimnis, das seit ewigen Zeiten und Generationen verborgen war. Jetzt wurde es seinen Heiligen offenbart; Gott wollte ihnen zeigen, wie reich und herrlich dieses Geheimnis unter den Völkern ist: Christus ist unter euch, er ist die Hoffnung auf Herrlichkeit.« (Kol 1,25ff.)

Von daher verwundert es nicht, dass diese Erfahrung weltweit »funktioniert«, auch wenn die Sozialgestalten der jeweiligen kulturellen Entwicklung entsprechen: denn hier wird der Traum des Menschseins gelebt und erfahrbar.

Meine persönliche Glaubenserfahrung ist, so habe ich im ersten Kapitel beschrieben, eng mit dieser »Offenbarung« verknüpft. Und seitdem wurde diese Erfahrung immer weiter. Und ja, sie ist überhaupt nicht daran gebunden, ob man Menschen gut oder nicht gut kennt, ob wir zu einer Kultur gehören – es ist das »Dazwischen«, der Geist, der »Spirit«, der Menschen verbindet, wirklich ein »Geheimnis«, wie Paulus schreibt.

Diese Erfahrung der Gemeinschaft, die ich in einer Erneuerungsbewegung der Kirche – der Fokolarbewegung – machen konnte, überschritt schon bald die Grenzen des christlichen Glaubens: dass auch solche Erfahrungen mit Muslimen möglich sind, dass sie sich ereigneten in der Begegnung mit Hindus, zwischen allen Konfessionen, in allen Kulturen – das macht auch noch einmal deutlich, dass es zum einen jenen Raum braucht, in dem sich solche Erfahrungen zuspielen – und zum anderen eine Bereitschaft, in diese Wirklichkeit einzuschwingen.

Ist das Kirche?

Wer sagen würde, dass Glauben Kirche braucht, der wird heute oft nur ungläubiges oder fassungsloses Kopfschütteln ernten. Das kann ich gut verstehen, denn zum einen wird Kirche vor allem verstanden als eine zementierte und granitharte Institution – und dann gilt in der Tat: Zum Glauben braucht man Kirche in diesem institutionellen Sinne nicht, auch wenn vielleicht gerade ihre institutionelle Verfasstheit – durch die Jahrhunderte hindurch – dafür gesorgt hat, dass ich überhaupt etwas vom Glauben erfahren konnte. Oder man verwechselt Kirche – zum anderen – mit einer bestimmten Form, mit eigenen irritierenden und schwierigen Erfahrungen von Gemeinden, die zu abgeschlossen und alt wirkten.

Aber, das ist alles nicht zuerst gemeint, wenn ich von der Kirche reden will. Das Wort ist eine Übersetzung verschiedener griechischer Worte. Zunächst und oft benutzt das Neue Testament das Wort »ekklesia« und meint damit die beschriebene und überraschende Erfahrung, zusammengerufen zu werden: die »Heraus«- und so »Zusammengerufenen«. Es geht eben nicht um einen Verein, den Menschen aus Interesse gründen, sondern um eine »Eingründung« in ein Geheimnis, in ein Ereignis der Gottesgegenwart. Von daher legt sich auch der zweite Begriff nahe, der ins Deutsche Eingang gefunden hat. Griechisch sprach man von der »kyriakä« – der Gemeinschaft, die dem Herrn zugehört. Kirche meint dann hier eben jene Gemeinschaft, die sich aus der Gegenwart Gottes konstituiert.

Es ist sehr interessant, dass in den Zeugnissen der Bibel die uns heute so geläufigen Unterscheidungen keine

Rolle spielen. Kirche – das ist sowohl die Hauskirche, die sich aus den Mitgliedern einer Familie und ihren Mitarbeitern und Mitarbeiterinnen, den Sklaven und Handwerkern zusammensetzt (die Kirche der Lydia), die Gemeinschaft vieler Gemeinden in Korinth – und die Kirche überhaupt. Wenn man so unterschiedliche Formen und Dimensionen der Gemeinschaft als »Kirche« benennt, dann ist auch klar, dass es nicht um eine bestimmte Konfession geht, dass es nicht um eine bestimmte Organisation oder Institution gehen kann, sondern hier wird immer das grundlegende Sein der Kirche bestimmt, eben jene Gemeinschaft, in der wir uns wiederfinden, wenn wir anfangen, die Wirklichkeit der Liebe zu glauben.

Und das ist auch die Zukunft, über die noch weiter nachzudenken ist. Denn so wichtig geschichtlich gewachsene und theologisch gut zu begründende Kirchengestalten sind, sie »sind« dann Kirche, wenn sich das Geheimnis jenes Miteinanders im Glauben ereignen kann. Glauben gemeinsam zu leben – das ist eine Vision, eine anziehende Perspektive immer dann, wenn die Grunderfahrung des Kircheseins in den Blick kommt: Dann nämlich ist Kirche ein Geschenk, das eine erfüllte Verwirklichung des eigenen Menschseins ermöglicht und Hoffnung für das Zusammensein aller Menschen erfahrbar werden lässt.

»Fresh Expressions«

All dies spricht nicht gegen eine Institutionalisierung, aber sie löst und relativiert – und das ist für die Zukunft des Glaubens wichtig – die oft traumatischen und zuweilen neurotischen Fixierungen auf kirchliche Institutionen und ihre Amtsstrukturen: denn diese stehen »nur« (und unverzichtbar) im Hintergrund, haben eine dienende Aufgabe, um zu ermöglichen, dass sich Kirche ereignen kann.

Dies ist mir gerade in den letzten Jahren sehr wichtig geworden. Wir leben in einem gesellschaftlichen Umbruch, der auch viele gewachsene Kirchenformen in Frage stellt. Sicher ist, dass wir auf dem Weg sind, von einer gefühlten und vielleicht teilweise auch vorgegebenen Normierung einer spezifischen Gemeindeform auf dem Weg zu einer konstitutiven und verflüssigten Vielfalt unterschiedlichster Ereignisformen gemeinschaftlichen Glaubens sind, die wir Kirche nennen können, wenn in ihr die Erfahrung des Evangeliums raumgreifend spürbar wird. Das ist eigentlich normal, wenn man die Vielfalt von Ordensgemeinschaften, von Lebensgemeinschaften und Kirchenformen durch die Jahrhunderte und Kulturen betrachtet. Und es ist beeindruckend, wenn man sich die aufbrechende Vielfalt von kirchlichen Bewegungen und Gemeinschaften ansieht.

Gerade auch in postmodernen Kontexten wachsen wie von selbst, aus der Kraft begeisterter und leidenschaftlicher Christen, neue Weisen, Kirche zu leben. Ob in Berlin oder Köln, ob auf dem Land oder in der Stadt, wer nicht fixiert ist auf die klassische Gemeindelandschaft, entdeckt jetzt schon an vielen Orten Initiativen und Kirchenerfahrungen, die die Zukunft prägen. Sie sind durch und durch kulturell geprägt – von einer adressatenorientierten Vielfalt, die staunen lässt.

Nicht nur in England, wo die anglikanische Kirche programmatisch Entwicklungen zu »fresh expressions« (neuen Ausdrucksformen von Kirche) aufgegriffen hat, um sich für die leidenschaftliche Erneuerungskraft vieler junger Christen zu öffnen, sondern auch hier bei uns lässt sich deutlich erkennen, wie Pionierinnen und Pioniere, Glaubenswanderer zwischen den Welten, neue Formen und Räume erschließen. Das hat Konsequenzen, die auf eine Vision der Kirche hinzielen, die schon da ist – aber noch ins rechte Licht (auch der Traditionen und Konfessionen) gerückt werden muss.

Tanzen – die Kunst des Miteinanders

Umso wichtiger ist es, jenen Tanz des Miteinanders als konstitutiven Ausdruck zukünftigen Glaubens verstehen zu lernen. 2001 formulierte Papst Johannes Paul II. hellsichtig: »Die Kirche zum Haus und zur Schule der Communio zu machen, darin liegt die große Herausforderung, die in dem beginnenden Jahrtausend vor uns steht, wenn wir dem Plan Gottes treu sein und auch den tiefgreifenden Erwartungen der Welt entsprechen wollen.« (Novo Millenio Ineunte 43) Konkret heißt das, eine »Spiritualität der Gemeinschaft« zu entwickeln. Der Papst schrieb seinerzeit: »Spiritualität der Gemeinschaft bedeutet vor allem, den Blick des Herzens auf das Geheimnis der Dreifaltigkeit zu lenken, das in uns wohnt und dessen Licht auch auf dem Angesicht der Brüder und Schwestern im Glauben neben uns wahrgenommen werden muss. Spiritualität der Gemeinschaft bedeutet zudem die Fähigkeit, den Bruder und die Schwester im Glauben in der tiefen Einheit des mystischen Leibes zu erkennen, d. h. es geht um »einen, der zu mir gehört«, damit ich seine Freuden und seine **125**

Leiden teilen, seine Wünsche erahnen und mich seiner Bedürfnisse annehmen und ihm schließlich echte, tiefe Freundschaft anbieten kann. Spiritualität der Gemeinschaft ist auch die Fähigkeit, vor allem das Positive im anderen zu sehen, um es als Gottesgeschenk anzunehmen und zu schätzen: nicht nur ein Geschenk für den anderen, der es direkt empfangen hat, sondern auch ein »Geschenk für mich«. Spiritualität der Gemeinschaft heißt schließlich, dem Bruder »Platz machen« können, indem »einer des anderen Last trägt« (Gal 6,2) und den egoistischen Versuchungen widersteht, die uns dauernd bedrohen und Rivalität, Karrierismus, Misstrauen und Eifersüchteleien erzeugen.«

Das bleibt eine Herausforderung, gerade auch dann, wenn sich durch die sozialen Medien neue Möglichkeiten des Miteinanders ergeben. »Heute, da die Netze und die Mittel menschlicher Kommunikation unglaubliche Entwicklungen erreicht haben, spüren wir die Herausforderung, die »Mystik« zu entdecken und weiterzugeben, die darin liegt, zusammen zu leben, uns unter die anderen zu mischen, einander zu begegnen, uns in den Armen zu halten, uns anzulehnen, teilzuhaben an dieser etwas chaotischen Menge, die sich in eine wahre Erfahrung von Brüderlichkeit verwandeln kann, in eine solidarische Karawane, in eine heilige Wallfahrt«, schreibt einer seiner Nachfolger, Papst Franziskus.

Und das macht noch einmal deutlich, dass dieses Verständnis von Glauben und Kirche sich nur von diesem perichoretischen Tanz her erschließen lässt, der überall, wo er sich ereignet, zu einem Zeichen der Hoffnung für viele Menschen werden kann. Denn genau in diese Richtung denken Menschen aller Glaubensrichtungen, denken viele sozialkreativen Initiativen, die gerade heute gewagt und ausprobiert werden.

Zeichen und Werkzeug

Und hier schließt sich eine weitere konstitutive Dimension des Glaubens in Gemeinschaft auf. Im Wort »Communio« steckt nämlich eine Bewegungsperspektive: Es geht bei der Gemeinschaft im Glauben nie um einen Selbstzweck, sondern um den Ur-Sprung, um die Vergegenwärtigung jener heilenden, alle Menschen erreichenden Liebe. Diese Gemeinschaft besteht nur, indem sie über sich selbst immer weiter und immer wieder hinauswächst, und so diese Sendung der Liebe fortführt. Sie ist gewissermaßen ein »Fluss«, eine Fließbewegung, auf dass alle Menschen erreicht werden von diesem Geist. Das ist eigentlich auch das Grundverstehen der Kirche. Sie ist – aus ihrem Ursprung der Christusbegegnung heraus – »Zeichen und Werkzeug«, damit alle Menschen sich wiederfinden können in ihrem Miteinander, auf das sie angelegt sind. Das bedeutet dann aber eben auch, dass es keine reservierten Räume für diese Erfahrung gibt, sondern dass eine Perspektive des Glaubens darauf zielt, überall diese Erfahrung aufscheinen zu lassen.

Feiern, Danken und Preisen

Zum Tanzen gehört aber auch die Feier, zur Gemeinschaft gehört das Fest. Glauben will gefeiert werden, und diese Dimension des Gottesdienstes ist Ausdruck des Dankes und der Freude für die Erfahrungen, die sich im Alltag schenken. Darauf kommt, gerade angesichts mancher langweiliger Gottesdienste, zunächst kaum jemand.

Und doch erfahre ich immer wieder, wie sehr Gottesdienste als Dank und Kraftquelle dienen, damit mitten im Leben Glauben funktioniert. Vor einigen Wochen haben wir einen sehr einfach gestalteten Familiengottesdient in Hildesheim mit den Kindern und Erwachsenen – es waren etwa 80 da – evaluiert. Mich hat sehr bewegt, was die Kinder auf einer großen Tafel notiert haben. Auf die Frage, was ihnen am meisten gefällt, stand da nur ein Wort: Musik. Ja, denn die Lieder, das gemeinsame Singen schwingt nicht nur für Kinder vielfach am meisten mit. Wenn wir singen, dann drückt sich darin die ungeheure Freiheit, das Herz, das Leben aus. Wer lobt und preist, wer dankt und singt, »betet doppelt«, wie ein alter Kirchenvater sagte. Gewissermaßen verdichtet sich in den Gottesdiensten die Alltagserfahrung des Tanzens, über die wir nachgedacht haben. Und das macht – trotz gegenläufiger Erfahrungen im real existierenden Christentum – Liturgien und Gottesdienste so bedeutsam. Denn wir leben davon, dass wir in Zeichenhandlungen und Symbolen das nicht-sagbare Geheimnis in unser Leben bringen.

Ich habe in diesen letzten Jahren die Kraft solcher Liturgien vielfach erfahren. Dort, wo sie mitten aus dem Leben und in das Leben sprechen, haben sie eine geheimnisvolle Kraft, jenen Geist zu vergegenwärtigen, der uns leben und lieben lässt. Ich erinnere mich an Segensfeiern für Einzuschulende, Gottesdienste bei Hochzeiten und Taufen – und eben auch die Familiengottesdienste mit kleinen Kindern. Dort, wo sie wirklich das Leben zum Ausdruck bringen, wo sie hineinsprechen in die Lebenswirklichkeit der Menschen, mit denen gefeiert wird, da wirken solche Feiern verwandelnd und erneuernd, wird in ihnen das Geschenk der Gegenwart Gottes sehr tief und dicht erfahrbar – und wird so Quelle für den weiteren Weg.

Es ist beeindruckend, wie bedeutsam auch in neuen Aufbrüchen und Gestalten gemeinsamen Glaubens diese Feiern sind. Sie sind sehr verschieden in ihrer Art, aber sie sind immer wesentlich: Lobpreisgottesdienste in neuen Gemeinden, Meditationsgottesdienste in Aufnahme alter monastischer Traditionen, aber auch Eucharistiefeiern und kreative Liturgien. Werden alle diese Gottesdienste wirklich so gefeiert, dass sie das Leben der Gemeinschaft ausdrücken, wird in ihnen auch das heilende und stärkende Handeln Gottes erfahrbar, das die Gemeinschaft erneuert und verwirklicht für ihren weiteren Weg an den vielen Orten, an denen der Tanz sich ereignen will.

7 WERDEN, WANDERN UND VERWANDLUNG

....

Glauben ist kein Zustand, keine selige Erkenntnis, kein erarbeiteter Zustand – Glauben ist ein Werdeprozess, ein Weg. Das gilt noch mehr für die Zukunft. Glaube hat schon und wird in Zukunft immer mehr seinen Aggregatszustand wechseln: Er wird luftiger und flüssiger werden – und doch seine Identität gerade so bezeugen.

Es konnte ja so scheinen, dass in der Vergangenheit Glauben etwas »Erreichbares« oder »Lernbares« war, weil »alle« glaubten. Aber auch in einer Zeit selbstverständlicher und nicht veränderbarer Zugehörigkeit musste man schon unterscheiden zwischen dem äußerlichen Zeichen des Glaubens, das Mitmachen oder Mitschwimmen der geläufigen und gesellschaftlich sanktionierten Vollzüge, und dem persönlichen Glauben, der aber nicht öffentlich wurde. Schaut man dorthin, wird man schnell erkennen können, dass auch hier Menschen in sehr unterschiedlicher Weise einen Zugang zum Glauben fanden. Und dabei galt auch seinerzeit: Glauben ist persönlich, individuell und in Bewegung – und es ist auch gar nicht so leicht zu sagen, wie viele der selbstverständlich eingehegten Glaubenden glaubten und wie.

Aber seitdem sich bindende Gefüge auflösten, seitdem Individualisierung und Wahlfreiheit sich als Standard durchsetzten – und das ist mindestens 50 Jahre her –, wird Glauben noch mehr ein persönlicher Weg und zu einem Prozess des Werdens.

Soziologisch kann man ja von Wahlfreiheit sprechen, aber die Frage ist ja, ob »glauben« beliebig frei wählbar ist, als wäre es ein »Objekt«, das ich erwerben oder ablegen könnte, wie ich will. Nein, denn Glauben entzieht sich ein wenig dieser Logik. Und es ist auch gar nicht so einfach, von Anfängen und Enden des Glaubens zu sprechen.

Der Geist weht

Im Johannesevangelium findet sich der Bericht über eine spannende Begegnung zwischen Jesus und einem gelehrten Theologen der Pharisäer. Offensichtlich fühlte sich der jüdische Gelehrte Nikodemus angezogen von Jesus, traute sich aber nicht so recht, sich als Anhänger Jesu zu outen. Und deshalb ging er im Dunkeln zu Jesus. Jesus fordert ihn sehr heraus. Dem staunenden Nikodemus macht er klar, dass der wirkliche Glauben eine Neugeburt bedeutet, ein kompletter neuer Anfang mitten im alten Leben. Mit einem neuen Denken, Hören, Sehen, bei dem einem das alte Denken, Hören und Sehen vergeht. Und dann sagt Jesus: »Wundere dich nicht, dass ich dir sagte: Ihr müsst von neuem geboren werden. Der Geist weht, wo er will; du hörst sein Brausen, weißt aber nicht, woher er kommt und wohin er geht. So ist es mit jedem, der aus dem Geist geboren ist.« (Joh 3,7f.)

Ich habe den Eindruck, dass hier die Dynamik zukünftigen Glaubens gut beschrieben wird. Denn Glauben ist nicht einfach objektivierbar, nicht greifbar, nicht leistbar und erlernbar. Er ist ein Hauch, eine Windbewegung. Das passt ja gut zusammen mit der Grundahnung der Nachdenker über die Schöpfung: Der Mensch, **131** so wird ja am Anfang der Heiligen Schrift erzählt, wird aus Lehm geformt, aber dann durch den Anhauch Gottes beseelt. Diese Grundbeziehung im Geist macht den Menschen aus.

Und genauso gilt dies auch für die Geburt und das Werden des Glaubens. Mir scheint, dass es gar nicht so einfach ist, einen Anfangspunkt des Glaubens zu beschreiben. Es ist eher eine langsame Anwehbewegung, die sich fast im Nichts des Bewusstseins ereignet. Deswegen ist es auch so schwierig, eine Geschichte des Glaubens nach vorn zu erzählen. Aber umgekehrt gilt: Ab einem bestimmten Punkt kann eine Geschichte rückwirkend erzählt werden. Da finden sich auf einmal Episoden, Knotenpunkte und Erfahrungen, die auf den Glauben hinführen. Man könnte sagen: Der Glauben wächst in einer Art Schwangerschaft, und von daher ist das Bild aus dem Gespräch mit Nikodemus sehr treffend.

Die Emmausgeschichte im Lukasevangelium erzählt in derselben Rückwärtslogik: Erst nach der Begegnung mit Jesus beim Mahl, der doch schon die ganze Zeit bei ihnen war und mit ihnen geredet hat, wird ihnen diese Wirklichkeit erst ganz bewusst. Und sie erzählen sich: »Brannte uns nicht das Herz in der Brust, als er mit uns redete und uns den Sinn der Schrift erschloss ...« (Lk 24,32)

Es gibt also einen verschlungenen und nicht immer sichtbaren Hinweg in die Begegnung mit Jesus Christus, die den Glauben erweckt. Und irgendwie ist dieser etwas neblige Weg nicht unwichtig, denn er beschreibt auch die sehr persönlichkeitsorientierte und passgeformte Wegstrecke, die wichtig ist. Von daher ist klar, dass glaubend werden ein sehr biografischer Weg ist, der viele Impulse und Impulsgeber hat – und für niemanden überschaubar und von niemandem planbar ist.

Ich erinnere mich sehr gut an eine für mich herausfordernde Vorlesung im Theologiestudium. Es ging um die Gnade, also um die erfahrbare und lebensverändernde Zugewandtheit der Liebe Gottes. Wir lernten, dass die Theologen des Mittelalters sehr viele Differenzierungen anbringen konnten, um das »Phänomen« der Gnade zu beschreiben: Ich verstand nicht oder wollte nicht verstehen. Aber – je länger ich darüber nachdenke, desto mehr geht mir heute auf, dass die alten Theologen damit so etwas wie Erfahrungsmomente des Glaubensweges zum Ausdruck bringen wollten. In unserem Kontext prägten sie den Begriff der »gratia praeveniens«, der vorauseilenden Gnade: dass nämlich auf allen unseren Wegen Gottes liebende Nähe uns zu ihm führt, ist nicht die Leistung eines Menschen, sondern gefügter und geführter Weg – gerade auch dann, wenn viele Menschen, viele Situationen, viele Erfahrungen mitwirken an diesem Weg: Es ist die liebende Nähe Gottes, die durch alles den Menschen führen will.

Christ werden
Dieser unbekannte und doch tief begleitete Weg – die Alten kannten da den Begriff der »begleitenden Gnade« (gratia concomitans) – führt dann aber doch irgendwann in eine umstürzende Begegnung mit dem Geheimnis der Liebe. Aber eben auch dieser »Ur-Sprung« ist ja nur der Anfang eines Weges. Denn es geht um eine Neugeburt, um eine Umkehr, ein Neuwerden mitten im Alten. **133**

Und für diesen Prozess haben die Evangelisten einen wunderbaren Begriff gefunden, der im Deutschen mit dem Wort vom »Jünger« ausgedrückt wird. Im Griechischen ist es eigentlich wörtlich übersetzt »der Schüler«, »die Schülerin«. Es geht für Petrus und die anderen »JüngerInnen« darum, sich in die Grundhaltungen und Grundperspektiven des Weges Jesus einzufinden, sie zu »lernen«, sie aufzunehmen, selbst den Weg einzuüben, den Jesus »Nachfolge« nennt. Wer in den Evangelien liest, der wird schnell feststellen, wie schwer das den Jüngern fiel (von den Frauen ist in diesem Lernprozess nicht die Rede – möglicherweise fiel es ihnen gar nicht so schwer). Immer wieder wird einerseits deutlich, dass die Jünger sich einlassen wollen, angezogen und angerufen, wie sie sind – und doch gilt gleichzeitig, dass es einen längeren Prozess des »Einlernens« in die Logik des Evangeliums braucht, der auch nicht einfach in den drei Jahren abgeschlossen ist, in denen die Jünger mit Jesus auf dem Weg sind. Es geht bei diesem Lernen nicht darum, etwas dazuzulernen und ein Ergebnis zu erreichen, sondern um ein tieferes Hineinwachsen in die ursprüngliche Begegnung mit dem Gott der Liebe. Glauben ist ein Werde- und Verwandlungsprozess, und genau darin besteht das Christsein. Glauben gibt es nur als Glaubendwerden.

Im Glauben wachsen

Was mich in den vergangenen Jahren immer sehr beeindruckt hat, waren Erfahrungen mit freikirchlichen Gemeinden, aber auch mit der Willow-Creek-Gemeinde in Chicago. Und zu meiner Überraschung habe ich ähnliche Entdeckungen auch im Kontext der anglikanischen Erneuerungsbewegung der »fresh expressions of church« gemacht. Immer wieder fiel ein Begriff, der sich nur sehr schwer ins Deutsche übersetzen lässt: »discipleship« (»Zustand des Schülerseins«) ist die Grundperspektive – und es geht um eben jenen Werdeprozess des Christseins. Nicht zuerst gemeint sind die vielen Instrumente dieses Glaubenswachstums, sondern die dahinterliegende Idee. Und die ist eigentlich spannend: Offensichtlich haben diese Gemeinden und Denominationen einen wesentlichen Akzent des Glaubens für die Zukunft aufgenommen – den notwendigen Werdeprozess im Glauben.

Die Gemeinden verstehen sich in der Regel als Gemeinden für Neueinsteiger auf dem Glaubensweg, und deshalb ist klar, dass das »Gefüge« der Gemeinschaft auf einen fortdauernden Werdeprozess der ganzen Gemeinschaft ausgerichtet ist. Und das ist interessant. Es geht um einen gemeinschaftlichen Wachstumsprozess, in dem wechselseitige Solidarität, wechselseitige Begleitung selbstverständlich sind. Ähnliches ereignet sich im Kontext von katholischen Erneuerungsbewegungen: Den Glauben immer tiefer kennenzulernen, sich gemeinsam und gemeinschaftlich darum zu bemühen, dass der Glauben wächst, gehört zu der grundlegenden Codierung der Bewegungen, und auch der Ordensgemeinschaften.

Aber es gehört nicht zur Kultur und zur Codierung eines »selbstverständlichen« Glaubens. Und doch lässt sich sehr beeindruckend erfahren, wie dieses Werden geht. Immer wieder sind mir auf meinen Wegen Menschen begegnet, die sich auf einen solchen Wachstumsweg des Glaubens machen wollten: jüngere und ältere, die danach fragten, wie sie getauft werden können. Menschen, die spürten, dass sie auf eine innere Erfahrung antworten wollten. Und dann wurde es herausfordernd. Es geht nämlich nicht darum, jemanden einfach in die Inhalte des Glaubens einzuführen – es geht darum, in einer Erfahrung zu wachsen. Und wie geht das?

Schaut man auf die evangelikalen und freikirchlichen Erfahrungen, so wird schnell eines deutlich: Menschen werden hineingenommen in die Erfahrung einer größeren Gemeinschaft von Glaubenden, leben mit, hören die Botschaft des Evangeliums und werden Schritt für Schritt ermutigt, weitere Risiken zu wagen: an einem Hauskreis teilzunehmen, sich diakonisch einzubringen, die eigenen Gaben ins Spiel zu bringen. Das geschieht »als Kultur«, ist also kein Spezialfall.

In der amerikanischen Willow-Creek-Gemeinde in Chicago wurde nach einigen Jahrzehnten genau die Frage untersucht, wie sich Wachstumsprozesse des Glaubens zeigen. Die Studie war offenbarend und erregend: Das Hineinwachsen in den Glauben und die Gemeinschaft gelang in der Regel dadurch, dass Menschen sich engagierten mit ihren Gaben, dass sie Glaubensstärkung in Gottesdiensten erfuhren, sich in Kleingruppen zur Glaubensvertiefung trafen. Und das war ja auch die Idee, wie auf Dauer Menschen sich in Gemeinden einbringen und mitleben konnten. Aber überraschend anders war dann, dass für das weitere Wachstum nicht unbedingt ein Mehr an Engagement, ein Mehr an Gemeinschaft notwendig war – wohl aber eine größere Tiefe, ein Mehr an geistlichem Wachstum. Die Gemeinde reagierte mit entsprechenden inneren Umbauarbeiten.

All dies macht deutlich: Es geht nicht um ein fixes Programm, es geht nicht um einen Jahreskurs oder um erwachsenbildnerische Angebote, sondern um ein »Gefüge des Lebens«.

Glauben lernen, und im Glauben wachsen – das geschieht immer in gemeinschaftlichen Lebensprozessen. Und deswegen hat mich in den vergangenen Jahren sehr beeindruckt, wie die Glaubenspraxis in kleinen christlichen Gemeinden in Südafrika funktionierte: Alle treffen sich regelmäßig, um miteinander aus der Schrift zu schöpfen, sich miteinander zu fragen, wie »vor Ort« die Zeichen der Zeit im Licht des Evangeliums gedeutet werden können und was konkret zu tun ist. In so einem Kontext gelebter Praxis konnten dann auch Menschen im Glauben wachsen, egal an welcher Stelle ihres Glaubens sie sind.

Die französischen Bischöfe haben das Wort vom »kirchlichen Bad« geprägt: Im Miteinander der Generationen, im Miteinander des Lebens mit anderen Christen, kann so der eigene Glauben wachsen. Dabei gibt es keine Fristen oder Klassenziele – es geht um ein Miteinander, in dem jeder und jede Einzelne nach seinem persönlichen Rhythmus wachsen kann.

Das Ziel des Weges

»Ich bin nämlich überzeugt, dass die Leiden der gegenwärtigen Zeit nichts bedeuten im Vergleich zu der Herrlichkeit, die an uns offenbar wird. Denn die Schöpfung wartet sehnsüchtig auf das Offenbarwerden der Söhne Gottes. Gewiss, die Schöpfung ist der Nichtigkeit unterworfen ... auf Hoffnung hin. Denn auch sie, die Schöpfung, soll von der Knechtschaft der Vergänglichkeit befreit werden zur Freiheit und Herrlichkeit der Kinder Gottes. Denn wir wissen, dass die gesamte Schöpfung bis zum heutigen Tag seufzt und in Geburtswehen liegt. Aber nicht nur das; sondern auch wir, obwohl wir als Erstlingsgabe den Geist haben, auch wir seufzen in unseren Herzen und warten darauf, dass wir mit der Erlösung unseres Leibes als Söhne offenbar werden.« (Röm 8,18-23)

Ein langes Zitat – mit einer atemberaubenden Perspektive. Paulus ordnet das Werden der Christen, der »Söhne und Töchter Gottes« in eine kosmische Perspektive ein. Und das bringt die Perspektive des werdenden und wachsenden Glaubens noch einmal in einen anderen Horizont. Denn zum einen geht es immer um den persönlichen Weg des Wachsens, es geht um die werdende Gemeinschaft der Kinder Gottes, die dann aber – zum anderen – auf ihrem Weg durch die Zeit ist. Aber dieser Weg führt zu einem Ziel – oder noch besser: Es ist das Ziel, das diesen Weg orientiert, zieht und voranbringt.

In den letzten Jahren hat mich immer wieder die Frage bewegt, warum das Werden und Auf-dem-Weg-Sein uns als Perspektive so fremd ist: Fast immer möchten wir bleiben, wo wir sind, und hoffen, angekommen zu sein. Und in der Kirche geht es oft darum, das Bestehende am Leben zu erhalten – die Dynamik einer möglichen Zukunft ist uns abhandengekommen. Uns fehlt oft der wilde Hauch der freien Zukunft. Fehlt uns das Ziel?

Und vielleicht hat das auch mit dem gewohnten und statischen Verstehen des Glaubens zu tun und seiner vermeintlich dualen Logik: Entweder man glaubt oder nicht. Entweder gläubig oder ungläubig. Aber genau das stimmt ja nicht. Glauben ist ja, wie wir sahen, wesentlich ein Geburts- und Werdeprozess, dessen Entstehungsgeschichte nicht so einfach zu beschreiben ist. Aber entscheidend ist mir in den vergangenen Jahren auch geworden, dass auch im Glaubensvollzug eine Zielvision steckt.

Die ist hier bei Paulus sehr deutlich beschrieben: Es geht um das »Offenbarwerden« der Kinder Gottes, es geht also darum, dass der Mensch immer mehr er selbst wird, immer mehr Ausdruck und Abbild der Liebe wird, immer tiefer »hört«, »sieht«, »tanzt«, »ur-springt«, und so mit seinem ganzen Leben und in seinem ganzen Beziehungsraum leidenschaftlich und begeistert dem Evangelium der Gegenwart der Liebe Raum schafft: Das ist die Perspektive, darum geht es in allen Werdeprozessen, die in klassischer »kirchischen« Sprache »Weg zur Heiligkeit« heißt, doch häufig schräge moralische oder asketische Konnotationen in sich trägt. Aber letztlich ist ja gemeint, dass das Hineinwachsen in das Evangelium zum Ziel hat, dass die ganze Schöpfung sich verwandelt.

Es ist schon ergreifend, wie Paulus damit einen doppelten Geburtsprozess beschriebt: Das Werden der Kinder Gottes, das Werden der Söhne und Töchter, die immer größeren Freiheitsräume und das immer tiefere Aufstrahlen der Liebe in den Beziehungen (und das ist ja mit Herrlichkeit gemeint) führt zur Verwandlung der

Welt. Das Ziel der Weges ist die Wandlung der Welt in ihr eigenes, in ihr Paradies.

Das ist die Zukunftsperspektive des Glaubens. Die Gegenwartsperspektive ist – wie Paulus beschreibt – sehr ambivalent. Paulus schreibt von den Leiden der gegenwärtigen Zeit, und also eine letztlich unbefriedete und unverwirklichte Gegenwart, wie wir sie sofort beschreiben können – in jeder Zeit. Aber man könnte fast sagen, dass Paulus diese Wirklichkeit als die »Wehen« des kommenden Neuen beschreibt. Und vielleicht ist dies der eigentliche Perspektivenwechsel: Es gibt nicht nur eine vage Hoffnung auf eine herrliche Zukunft, sondern für den Glaubenden gibt es eine sehnsuchtsvolle Erwartung, wie auch die Schöpfung darauf sehnsüchtig wartet, offenbar zu werden. Und diese Sehnsucht gründet in der Gegenwart des Geistes, der die Dynamik des Weges und die Dynamik der Hoffnung eröffnet.

... mit leichtem Gepäck

Es gibt wohl kaum ein Bild, das dies so schön ausdrückt wie die Wandermetapher: Auf dem Weg durch die Zeit, auf dem Weg zum Ziel sind Glaubende immer im Wandern. Der Hebräerbrief beschreibt dies sehr aussagekräftig: »Aufgrund des Glaubens gehorchte Abram dem Ruf, wegzuziehen in ein Land, das er zum Erbe erhalten sollte. Und er zog weg, ohne zu wissen, wohin er kommen würde. Aufgrund des Glaubens siedelte er im verheißenen Land wie in der Fremde und wohnte mit Isaak und Jakob ... in Zelten, denn er erwartete die Stadt mit den festen Grundmauern, die Gott selbst geplant und gebaut hat.« (Hebr 11,9)

Und dieses Wandern ist ja begründet darin, dass die eigentliche Heimat, der eigentliche Raum der Freiheit und Herrlichkeit, auf Sehnsucht hin gesucht wird, während der gegenwärtige Lebensraum ein »Zelt« ist, eine provisorische Heimat ist, die immer wieder neu aufgebaut und abgebaut wird.

Wir leben als Glaubende und Suchende in unserer Gegenwart deswegen eigentlich konstitutiv in der Fremde. Und diese Fremdheit steigert sich mit der Sehnsucht nach dem geschenkten Raum der Freiheit, der von Gott geplant ist, wie der Hebräerbrief schreibt. Das aber schenkt jeder zeitlichen Heimat, jeder Glaubensgestalt ihre Überholbarkeit: Jede Fixierung einer Glaubenssituation, jede Fixierung einer bestimmten Gemeinschaftsgestalt entspricht nicht der leidenschaftlichen und vom Geist getriebenen Sehnsucht. Und vielleicht lässt sich ja damit auch die Frage beantworten, warum häufig so viel Angst vor Veränderung da ist und so wenig Leidenschaft für die Zukunft. Das könnte damit zusammenhängen, dass eben die Perspektive der herrlichen Zukunft, die in uns angefangen hat und auf Vollendung aus ist, nicht so präsent ist.

Wie stark dies in den ersten Glaubenden präsent war, drückt sich in der Namensgebung kirchlicher Gemeinschaften aus. Sie hießen »paroikia«, und das deutsche Wort der Pfarrei stammt von daher. »Paroikia« aber meint »in der Fremde sein«. Das schließt nicht aus, sich ganz und gar in seinem Umfeld zu beheimaten, ganz und gar sich leidenschaftlich zu engagieren, aber es belegt die merkwürdige Wandersituation der Glaubenden: Sie sind nicht mit einer Kultur, einer Zeit, einem Volk oder einer Gesellschaftsform untrennbar verknüpft, sie sind auch nicht fixiert auf eine bestimmte Gestaltform des christlichen Glaubens: einer Form von Gemeinde oder Kirche – sondern eher geht es darum, auf der Wanderung zum ersehnten Ziel immer wieder neu zu fragen, wie und welches Zelt des Glaubens hier aufgestellt werden kann.

Wenn wir hier keine bleibende Stadt haben, sondern die zukünftige suchen, wie der Hebräerbrief auch schreibt, ergibt sich eine große Einladung: Es ginge doch darum, den Freiraum für neue Weisen des Glaubens und der Gemeinschaft zu nutzen und auszuschöpfen. Die Erfahrung einer »emerging church«, einer entstehenden und hervorkommenden Kirche in ihren so ganz anderen und unterschiedlichen Formen, wie ich das etwa bei den »fresh expressions of church« in England erleben konnte, öffnet die Fantasie, die Leidenschaft und das Unternehmertum des Glaubens. Denn entscheidend ist nicht die Form, der Ort, die Menge, sondern wesentlich bleibt die Erfahrung, dass der Raum der Christusgegenwart und seiner Liebe aufscheint und die sehnsüchtige Hoffnung der Welt befeuert.

Wachsen ist keine Leistung

Wachsen ist keine Leistung. Es widerspricht dem Glauben, dass er erleistet werden könnte. Und dementsprechend ist das Wachsen auch keine Leistung. Viel zu oft haben Christen übersehen, dass Glauben geschenkte Gnade ist, dass da eine Liebe ist, die so mächtig einen Weg in uns eröffnet, dass sie unser Leben prägen will. Und das Wachsen gehört im Wesentlichen zu diesem Weg – aber eben auch die tiefgreifende Verwandlung.

So ist es ja schon im Römerbrief angedeutet: dass die ganze Schöpfung in Geburtswehen liegt und auf eine endgültige Verwandlung hinführt, und dass auch wir Menschen auf diese Verwandlung warten.

Aber das hat eben nichts mit Leistung zu tun, es geht eher darum, wachsen zu lassen, was in uns angelegt ist. Nirgendwo wird diese Dynamik schöner beschrieben als in den Wachstumsgleichnissen, die Jesus seinen Jüngern erzählt. In denen wird immer deutlich, dass der Anfang des Glaubens, der mit dem Geist Gottes in einen Menschen hineingelegt wird, sich dort weiterentwickelt in einer natürlichen Dynamik der kraftvollen Energie Gottes. Dabei wird auch deutlich, dass dies ein langer Weg ist. Jesus erzählt von den Samen, die in die Erde eingesät werden, er erzählt davon, dass das Wachstum fast unbemerkt geschieht und der Sämann gar nicht so recht weiß, wie es geschieht. Er erzählt vom Unkraut im Weizen, das kaum erkennbar ist – und deswegen Ambivalenzen ausgehalten werden müssen bis zum Ende. Und er erzählt von kleinen Anfängen, die ganz groß werden. Und schließlich gibt es die Gewissheit, dass reiche Frucht hervorkommt, bei allen Risiken. Jesus weiß allerdings auch vom Abbruch des Wachstums, vom notwendigen Sterben, um neu zu werden. Und deswegen ist der Wachstumsprozess des Glaubens und so des Werdens der Zukunft, immer ein riskanter und ausgesetzter, und letztlich wunderbarer Prozess – ein Wunder des Werdens.

Natürlich ist dies kein automatischer Prozess. Natürlich braucht es immer wieder die Antwort des Menschen, aber die Grundüberzeugung ist doch, dass die

Faszination der Liebe in der Regel der Faszination der Sehnsucht des Menschen entspricht, und deswegen die Antwort des Glaubens fast alternativlos ist. Die alten Gnadentheologen kannten die wunderbare Rede von der »gratia irresistibilis«, der unwiderstehlichen Gnade, die einfach unglaublich anziehend ist. Und im Gehen dieses Weges, dieses ersehnten und doch langen Geburtsgeschehens, im manchmal schmerzhaften Warten auf das Wirklich-Werden der eigenen Persönlichkeit besteht der verwandelnde Werdeprozess: Am Ende steht der Ursprung, am Ende steht die Verwirklichung der eigenen Berufung, ein Sohn, eine Tochter Gottes.

Das Hören des Wortes, die Feier des Brotbrechens, das Erlernen des Hörens und Tanzens, das wir hier beschrieben haben, macht diese Dynamik der Verwandlung mehr als deutlich: denn hier, im Geschenk der frohen Botschaft, im Geschenk der Liebe Christi, die Brot wird, damit wir wachsen können, und im Geschenk der Gemeinschaft, deren liebende Mitte uns mitreißt in den Tanz der Gegenseitigkeit, wird deutlich sichtbar, dass christlicher Glauben immer aus dem Geschenk lebt und wächst, auch wenn natürlich klar ist, dass alle Energien und Kräfte, die darin freigesetzt wurden, aktiviert werden zur Liebe, zum Leben, zum Dienst an der weitreichendsten Sendung, die denkbar ist.

Darin liegt ja die ungeheure Perspektive, die der Römerbrief eröffnete. Letztlich geht es bei diesem Verwandlungsprozess um die ganze Schöpfung, um die Freiheit und das Werden des Kosmos. Es geht um eine umfassende Ökologie, um ein Heilwerden der Schöpfung – um den Shalom, den umfassenden Frieden und

die Gemeinschaft mit Gott und den Menschen untereinander. Dafür sind Glaubende gesandt, und deswegen fand ich es beeindruckend, als mir neulich jemand
sein Tattoo zeigte: Auf dem Arm stand auf Hebräisch
shalom: »damit ich immer erinnert werde, wozu ich da
bin«, sagte die junge Theologin.

III.
KIRCHE DER ZUKUNFT

Oft wirkt es so, als wäre die Kirche ohne Vision. Es wird einfach nicht deutlich, mit welcher attraktiven Zukunftsvorstellung die Kirchen unterwegs sind. Wohin wir gehen, so sagt man gerne, könne man nicht wissen. Ob das so stimmt? Je mehr ich mich mit dem Glauben und seiner Zukunft beschäftigen durfte, desto weniger glaube ich das. Denn die sieben Impulse, die ja so etwas wie sieben Facetten eines Diamanten sind, die zusammengehören und so zusammen das Licht des Glaubens ausstrahlen können, sie sind auch ein ekklesiogenetischer Code: Sie führen zu einer Sicht der Kirche, wie sie heute schon im Werden ist.

Denn eine Vision ist ja nicht ein Zukunftstraum, sondern setzt genau darauf, das Neue zu sehen und ins Licht zu rücken, was schon wächst. Sie ist verwurzelt in der Wirklichkeit, in der Wirklichkeit der Glaubenden und Suchenden – eben der Menschen, die heute leben und die heute aus dem Evangelium heraus ihr Leben gestalten. Wenn also im englischsprachigen Kontext von einer »emerging church« – einer »aufsprießenden Kirche« – die Rede ist, dann ist genau das im Blick. Die Impulse ermöglichen einen scharfen Blick für eine Zukunft der Kirche, die schon begonnen hat. Eine Zukunftsskizze, ein in der Wirklichkeit gegründeter Zukunftstraum also.

Kirche lebt nicht von Struktur

Damit unterscheidet sich diese Vision von allen herkömmlichen oder erwartbaren. Sie unterscheidet sich von den Strukturvisionen, die häufig als Zukunftsbild herhalten müssen. Hier wird munter die Struktur der Kirche mit ihrem Wesen vertauscht, und dann scheint es so, als würde die Kirche von ihren Strukturen her leben. Und dadurch entsteht der Eindruck, dass die Zukunft der Kirche an einer bestimmten Gestaltung hängen würde. Damit aber wird die Struktur vom Mittel zum Zweck, und ich befürchte, dass diese Verwechslung letztlich einen revisionistischen Hintergrund hat: Ein bestimmtes Bild, eine bestimmte Form von Kirche soll erhalten bleiben. Denn das ist ja das Kennzeichen einer Kirchenperspektive, die von den Strukturen her denkt: Sie dienen dem Erhalt einer nur historisch, aber nicht theologisch gegründeten Gestalt der Kirche und damit einem Verstehen der Gemeinschaft der Glaubenden, die – gewiss – in gelungenen Erfahrungen gründet, aber nicht die Norm ist.

Unsere Vision unterscheidet sich aber auch von jenen Pastoralplänen, die oftmals lediglich festhalten und notieren, was im Rahmen eines bestimmten Grundverständnisses weiterhin zu tun ist. Die aussichtslose Diskussion um pastorale Prioritäten und »Posterioritäten« – zu ermittelnde Nachrangigkeiten –, die ich seit einigen Jahren verfolge, macht eines deutlich: Auch hier geht es um das Erhalten oder Ausweiten von Aktivitäten und Angeboten – oder um das mögliche Aufgeben. Im Hintergrund steht hier häufig das Bild einer Versorgungskirche. Denn jede Angebotsstruktur, die »von oben« und aus einer hauptberuflichen Perspektive stammt, denkt Glauben und Kirche mehr als herstellbare und erziehbare Wirklichkeit. Sie denkt nicht von den andrängenden Erfahrungen und nicht von den Menschen her, sondern fragt etwa so: Wie kann die Kirche bei den Menschen sein? Wie können sie wieder kirchlich werden? Wie können wir sie erreichen?

Das beinhaltet damit auch häufig eine implizite Überforderung. Man muss sehr darauf achten, dass in einem solchen Verständnis der Kirchenentwicklung nicht letztlich ein Leistungsdenken leitend wird. So wichtig es ist, Ziele zu entwickeln, Strategien zu entfalten, professionelle Methoden zu nutzen und Marketinginstrumente einzusetzen, so riskant wäre es, wenn darin nicht das Bewusstsein um den bleibenden Geschenkcharakter jeder kirchlichen Entwicklung wäre. Denn das eine schließt das andere nicht aus.

Eher ähnelt unsere Zukunftsvision den vorsichtigen Versuchen, prozessorientierte Kirchenentwicklungen zu wagen. Die in diesen Leitbildern aufscheinenden Grundhaltungen reflektieren ja ihrerseits die Aufbrüche und legen die Spur einer Zukunft, die sich in den kommenden Jahren entfalten will.

Am wichtigsten aber ist mir die zukunftszugewandte Visionsperspektive. Im vergangenen Jahrzehnt haben viele sich eingeschwungen in einer depressive, mangelobsessive Rückwärtsgewandtheit. Eine Perspektive, die von Frustration und Angst geprägt ist. Eine Perspektive, die blind auf Zahlen geschaut und ihnen geglaubt hat. Und so geschieht es dann alle Jahre wieder: Das Starren auf Austrittszahlen, auf demografische Entwicklung, auf Gottesdienstbesucher. Dann wird davon gesprochen, dass »die Kirche« die Frauen, die Männer, die Jugendlichen, die Alten, die Modernen, die Prekären und eigentlich alle verloren hat und sie mehr tun müsse. Dann spricht man von Abbrüchen im Glauben und beschimpft manchmal auch die säkulare Welt, und sagt, dass die Menschen »nicht mehr« glauben und die

»kirchliche Glaubensweitergabe« nicht mehr funktioniert.

Diese Angst und Sorge machen blind für den fundamentalen Umbruchprozess, in dem der Glauben und damit auch die Gemeinschaft im Glauben stehen. Dann wird der Umbruch angstvoll betrachtet, weil – so meinen nicht wenige – die Substanz des Glaubens verlorengehen könnte, oder schon verlorengegangen ist. Und auch die Institution einer Kirche rettet nicht den Glauben des Einzelnen oder bewahrt eine Herde, sondern kann nur dem Wachsen und Werden des persönlichen Glaubens und seiner gemeinschaftlichen Ausformung dienen. Nun stellt sich also heraus, dass das Glaubensgefüge, die Architektur eines geschichtlich gewachsenen kirchlichen Gefüges, nicht mehr trägt – und ja, dass es stirbt und zuende geht.

Die Kirche nach Kyrill

Ein Bild kann das illustrieren. Vor einigen Jahren wurde Norddeutschland von einem heftigen Sturm heimgesucht. »Kyrill« verwüstete unter anderem auch Wälder. So war es auch im Sauerland, besonders auch um Brilon herum. Fast alle Bäume waren umgeknickt. Mehr als depressiv gingen die Besitzer durch das Gelände: »Was sollen wir jetzt machen«, fragten sie den Förster. Der antwortete: »Gar nichts, ihr werdet sehen, wie der Wald sich neu und anders regeneriert.« Und so taten sie bewusst nichts, und der Wald wurde neu: ein anderer, ein Mischwald.

Die Kirchen sind in so einem Sturm. Entwurzelung alter Traditionen, Desorientierung, heftiger Wind –

aber all das ist nicht verwunderlich und auch nicht erschreckend, weil diese Erneuerungsstürme immer wieder über uns kommen. Und auch heute erleben wir nicht das Ende, sondern es wird mehr und mehr deutlich, dass sich eben ein echter Paradigmenwechsel ereignet – wie in jeder Umbruchszeit. Genau darum geht es: zu glauben, dass der Geist Gottes auch heute, wie zu allen Zeiten, Menschen zum Glauben bewegt, in unterschiedlichen Kulturen mit je anderen Konsequenzen für den Glauben und die Glaubensgemeinschaft selbst.

Wer das nicht glauben kann, dem wird die Geschichte des Christentums in Europa als Abfallgeschichte und die Geschichte eines Zusammenbruchs erscheinen. Umgekehrt aber ist zu sagen: So wahr es ist, dass tatsächlich eine Form des Glaubens und die damit verbundene Kirchengestalt stirbt, so wahr ist es auch, dass dieser Prozess ein Wandlungsgeschehen ist, ein Geschehen von Sterben und Neuwerden, wie es dem Christentum durch Christus selbst eingeschrieben ist. Den Tod zu verhindern und das Sterben zu verhindern, das hieße, den Prozess des Neuwerdens und der Erneuerung zu verhindern.

Segensorte
Zunächst und vor allem ist eines wichtig: Eigentlich geht es nicht um die Kirche, sondern um das Reich Gottes. Es geht immer und vor allem darum, dass Gottes heilende und liebende Gegenwart überall erfahrbar werden kann, überall erlebt werden kann. Und so will dieses Reich entdeckt werden, an den vielen Orten des Lebens. **151**

Mir ist in den vergangenen Monaten eine Wortschöpfung wichtig geworden, die überall eine tiefe Resonanz ausgelöst hat. Wir hatten uns zusammen mit einer Kommunikationsagentur gefragt, wie wir eine Zukunftsentwicklung der Kirche, wie sie sich lokal und regional bei uns ereignet, Menschen nahebringen könnten. Und so kamen wir auf »SegensOrte« (siehe www.segensorte.de): weil die Rede vom Segen so außerordentlich positiv besetzt ist, weil sie so fluide die verschiedensten Orte prägen kann und erzählbare Erfahrungen provoziert, haben wir dieses Wort »ausprobiert« in vielen Gesprächen mit Menschen vor Ort. Und es gab eine große Überraschung: Immer begannen Menschen zu erzählen, immer wussten sie von Orten, an denen sich Segen ereignet. Und im Erzählen wurde deutlich, dass der Segen Gottes, der Inbegriff seiner liebenden, heilenden und schützenden Gegenwart, an so vielen Orten, in so vielen Begegnungen, in so vielen Geschehnissen erlebbar ist. Und nicht nur das: Das wechselseitige Erzählen dieser Erfahrungen brachte eine neue Energie hervor, eine echte Freude – und war eine Erfahrung des Geistes Gottes selbst.

Die Rede von den »SegensOrten« macht noch einmal eine nach innen und außen osmotische Durchlässigkeit deutlich: Gottes Gegenwart ist segensreich, sie ist wie Licht, das jeden Ort erleuchtet, belebt, einfärbt mit der Farbe der Liebe – und dort, wo sich dieses Licht »kristallisiert« in Gemeinschaft von Menschen, kann dann »Kirche« wachsen – eben als Gemeinschaft, in der der Segen zu einer neuen Leidenschaft für das Leben des Ursprungs wird.

Ich fühlte mich erinnert an die Emmausgeschichte: Nachdem die Jünger erfahren hatten, dass der Auferstandene auf dem Weg und beim Mahl gegenwärtig war, brachen sie ja auf, um es den anderen zu erzählen. Und als sie dort ankamen, erzählten ihnen die anderen von ihren Erfahrungen – und mitten im wechselseitigen Erzählen der Erfahrungen jener alltäglich-neuen Erfahrungen wird auch hier die Nähe des Auferstandenen sichtbar und erfahrbar, und geht weiter ...

Erzählgemeinschaft
Die Zukunft der Kirche beginnt also nicht mit der Kirche als einem festen Ort – sondern mit den alltäglichen Erfahrungen, mit dem Geheimnis der Liebe, das sich anonym und öffentlich überall ereignen kann. Überall, im Dienst an Flüchtlingen, bei Feriencamps für junge Menschen, im Pflegedienst, auf dem Spielplatz, kann lebenstiftender Segen erfahrbar werden – und überall, wo wir einander davon erzählen, können wir erfahren, dass das Geheimnis der Liebe, dass der Auferstandene Christus, »da« ist.

Es gehört zu meinen Grunderfahrungen: Diese Praxis des Erzählens von Erfahrungen war und ist auf dem Weg meines Christwerdens sehr wesentlich, und wenn man heute fasziniert ist vom »Storytelling«, vom Geschichtenerzählen als einen Weg des Kirchewerdens, dann ist genau diese Emmauserfahrung im Blick: eine Kommunikation, in der Kommunion geschieht, die aber viel weiter reicht und noch größere Wirklichkeiten erschließt als nur die Geschichten, die geteilt werden.

Das wird die Zukunft der Kirche noch »weiträumiger« prägen. Schon Papst Franziskus hat in seinem programmatischen Schreiben »Evangelii Gaudium« von einer Spiritualität des Miteinander gesprochen, die sich in den auch medial geweiteten Erzählräumen zeigt: *»Heute, da die Netze und die Mittel menschlicher Kommunikation unglaubliche Entwicklungen erreicht haben, spüren wir die Herausforderung, die »Mystik« zu entdecken und weiterzugeben, die darin liegt, zusammen zu leben, uns unter die anderen zu mischen, einander zu begegnen, uns in den Armen zu halten, uns anzulehnen, teilzuhaben an dieser etwas chaotischen Menge, die sich in eine wahre Erfahrung von Brüderlichkeit verwandeln kann, in eine solidarische Karawane, in eine heilige Wallfahrt. Auf diese Weise werden sich die größeren Möglichkeiten der Kommunikation als größere Möglichkeiten der Begegnung und der Solidarität zwischen allen erweisen. Wenn wir diesen Weg verfolgen könnten, wäre das etwas sehr Gutes, sehr Heilsames, sehr Befreiendes, eine große Quelle der Hoffnung!«* (Evangelii Gaudium 87)

Das habe ich sehr konkret erfahren dürfen. Schon beim Kongress Kirche[2] konnten durch einen Livestream und eine Timeline bei Twitter und Facebook viele Interessierte teilnehmen und teilhaben an der Erfahrung einer sich erzählenden Zukunftskirche. Auf diese Weise wuchs die Erfahrung des Miteinander-Nachdenkens über das Kongresszentrum in Hannover hinaus und wurde wirklich eine »katholische« Erfahrung.

Noch intensiver konnte ich dies erleben auf der schon erwähnten »W@nder-Konferenz« im Frühjahr 2017 in Hannover. Nur kaum mehr als 100 Teilnehmende konnten bei dieser Konferenz dabei sein, die als Erzählprozess geplant war. Aber durch die mediale Ausweitung hatte sie einen weitaus größeren Raum einer Erzählgemeinschaft: Der Hashtag »#wew@nder« erzählt von einem Ereignis, das durch die Resonanz an vielen Orten »weiterklang« und vielleicht ein wenig verdeutlicht, was Papst Franziskus als »Mystik des Miteinander-lebens« bezeichnet: Die Gemeinschaft ist nicht gebunden an eine bestimmte Konfiguration sozialen Lebens, sondern kann »aufscheinen«, »sich ereignen« in einem Beziehungsraum, der nicht einmal physisch sein muss, aber eben reale Beziehungen abbildet. Die eucharistische Rede vom »Leib Christi«, zu dem wir alle in unserer Unterschiedlichkeit als Glieder des einen Leibes gehören, weitet sich hier auch auf virtuelle Räume aus. Das dürfte aber nicht verwundern. Denn immer war Kirchesein weniger eine statische und örtliche Wirklichkeit, sondern ein Sich-Ereignen und Sich-Vollziehen von einenden Beziehungen.

Ursprungsbewegung

Je länger ich die aktuelle Diskussion über die Kirche und die Notwendigkeit einer missionarischen oder evangelisierenden Kirche verfolgte, desto deutlicher wurde mir, dass immer ein sehr statisches Verständnis der Kirche Ausgangspunkt des Nachdenkens war. Von daher könnte man Kirche ausweiten durch ihre Mission, und dabei viele unterschiedliche »Kirche ›und‹ – Kontexte« bilden: Kirche und Jugend, Frauen, Männer, Welt, Arme ... Aber das würde bedeuten, dass die Kirche eine festbestehende Größe ist, die – egal in welchen Kontexten – mit je neuen Aktivitäten das Evangelium anzubieten versucht.

Aber wenn der Glauben eine Begegnung mit dem Ursprung ist, mit dem Christus, der sich liebend auf uns und alle Menschen einlässt, und uns so mitreißt in seinen Welt-sprung, dann lebt Kirche genau aus dieser Dynamik. Dann wird jedes statische Verständnis überwunden durch diese doppelte, dynamische Ursprungsbewegung. Wesentlich wird dann sein, ob Christus, seine kraftvolle Nähe und Gegenwart, erfahrbar wird unter den Menschen, die auf dem Glaubensweg sind. Und dies zeigt sich dann darin, dass diese Gemeinschaft erst sie selbst wird, wenn sie sich in die Welt hineinbewegt und die Liebe allen Menschen bezeugt.

Wer Kirche so versteht, dem wird alles daran gelegen sein, dass der »Ursprung«, dass Christus auch im Heute erfahrbar wird. Die Vergegenwärtigung der Ursprungserfahrung wird zur zentralen Frage. Wie wird das gelingen? Denn erst dann wird Kirche zu Kirche, kann Kirche geboren werden.

Ich verdanke an dieser Stelle viel den kreativen Überlegungen des anglikanischen Theologen Michael Moynagh (M. Moynagh, Church in life, Oxford 2017). In seinem Nachdenken über die vielen Aufbrüche und Gemeindegründungen in der Kirche von England fragt er, was denn eine Initiative zu einer wirklichen Ausdrucksform der Kirche macht. Und er unterscheidet zwischen dem »wesentlichen Sein« der Kirche und den Gestalten, Hilfsmitteln und Instrumenten, die dieses Grundsein der Kirche hervorbringen und konturieren. Und auch für ihn ist klar, dass die unverzichtbare Grunderfahrung des Kircheseins die Gegenwart des Auferstandenen ist, die Gemeinschaft stiftet.

Jenseits der Konfessionen

Das aber kann und wird in unterschiedlichen Traditionen geschehen. Damit glaube ich, dass wir immer mehr in ein postkonfessionell-ökumenisches Zeitalter eintreten. Die Konfessionen und Denominationen werden ihre trennende Bedeutung verlieren oder besser: haben ihre trennende Bedeutung weithin verloren. Aber es ist in der Tat wahr, dass sowohl in der Theologie als auch in der Praxis sehr unterschiedliche Traditionen vorliegen. Und genau so wahr ist, dass auf den Wegen dieser Traditionen immer wieder genau jene Vergegenwärtigung der Ursprungserfahrung angezielt wird.

Von daher geht es in allen Formen und Traditionen um die Vergegenwärtigung der Christusgegenwart. Das genau ist ja auch meine Grunderfahrung der letzten Jahre, ja Jahrzehnte: In den Begegnungen mit Freikirchen, in den Begegnungen mit ganz unterschiedlichen christlichen Traditionen ist mir immer wieder jene Grunderfahrung geschenkt worden: Die befreiende und freilassende Erfahrung der Geistgegenwart verbindet Menschen »in Christus«, und lässt so die Sammlungsbewegung Gottes vom Ursprung her wachsen: Kirche wird.

Die Begegnungen der letzten Jahre zeigen deutlich, dass die konfessionelle Zeit hinter uns liegt. Es ist nicht so bedeutsam, welcher Kirchenfamilie jemand angehört, sondern wichtig ist den Suchenden und Glaubenden, dass sie eben den lebendigen Christus treffen.

Ich erinnere mich an meine erste Begegnung mit der freikirchlichen Willow-Creek-Gemeinde, bei einem Kongress in Oberhausen. Mich hat damals sehr bewegt, wie tief verbunden ich mit Christinnen und Christen sehr verschiedener Kirchen sein kann. Und in den Reisen zu den anglikanischen Freunden habe ich immer wahrgenommen, wie offen und frei für spirituelle Traditionen der »Anderen« die Geschwister waren. Aber wenn ich mir die Glaubenswege jüngerer Geschwister anschaue, dann wird mir immer deutlicher, dass es ihnen bei ihrer Suche um ein Finden der immer tieferen Christusnähe geht, egal in welcher »Kirche«.

Die Neugeburt der Tradition

Was bedeutet das für unsere Kirchen und Traditionen, wenn wir postkonfessionell sind? Es geht mehr denn je um den Ursprung – es geht um die Vergegenwärtigung der Christuserfahrung, die alles begründet. Und hier spielen dann die verschiedenen Zugangswege eine wichtige Rolle. Und in allem ist die Vergegenwärtigung des Ursprungs entscheidend. Sie geschieht in den unterschiedlichsten Wegen und Formen. Und diese Formen sind immer neu im Wandel. Traditionen – so nennt man auf »kirchisch« die Lebensvollzüge und Formen, die diese Vergegenwärtigung des Ursprungs ermöglichen – können nicht einfach wie feststehende Formen weitergegeben werden, sondern wandeln sich und wachsen weiter in der jeweiligen Zeit. Denn es gilt, diese Tradition in jeder Zeit neu zu finden und zu erfinden.

Mich beeindruckt, wie wichtig auch in den neuen Kirchenformen die uralten liturgischen, kirchlichen und spirituellen Traditionen der Glaubensväter und Glaubensmütter sind – und wie sie zugleich transformiert werden und so neue Bedeutung und Relevanz

bekommen.

So bleiben diese sehr alten und doch immer wieder neu zu findenden Wege der Vergegenwärtigung wichtig und bedeutsam. Sie kennzeichnen gewissermaßen die je eigene Gemeinschaft im Glauben – es sind wesentliche Merkmale der jeweiligen Kirche. Aber es geht in Zukunft nicht etwa darum, eine Tradition gegen eine andere auszuspielen, sondern sich in jener Wirklichkeit zu treffen, die diese Tradition hervorbringen will.

Das bedeutet dann vor allem für jede Gemeinschaft und jede Kirche, sich auf die eigene Tradition, und damit auf den je spezifischen Weg der Vergegenwärtigung zu besinnen und zu konzentrieren. Gerade in einer Zeit zunehmender Vervielfältigung und eines konstitutiven Pluralismus innerhalb des Christentums und der Religionen wird es darauf ankommen, die eigene Identität gegenwärtig zu halten – jene spezifische Weise, den Ursprung zu leben und Menschen in Verbindung mit dem Ursprung zu bringen.

Es gehört zu den spannendsten Erlebnissen der Zukunft, in den verschiedenen Traditionen die gemeinsame Ursprungserfahrung zu finden. Es gehört zu den noch spannenderen Erlebnissen, von dieser postkonfessionellen Wirklichkeit her die Grundfragen unserer Theologien neu zu bedenken. Ja – auch eine neue Theologie will geboren werden.

Ur-springen

Die Kirche der Zukunft lebt aus der Leidenschaft der Hingabe. Das Teilen des Lebens mit den Menschen, in unterschiedlichsten Situationen – das führt dazu, dass sich Christen einlassen auf die Menschen ihrer Zeit. Das

»Für« der Hingabe ist kein äußerliches Sich-Sorgen in einer Komfortzone, sondern ein tiefes Sich-aussetzen, Sich-Einlassen und Entäußern. Es bedeutet auch, dass die gelebte Liebe aus dem Ursprung – das »Ur-springen« – in die Welt hinein die Grundbewegung des Christwerdens ist, und damit auch der Ursprung jeder Kirchengeburt.

Die Anglikaner haben das treffende Wort von der »Mission Shaped Church« geprägt: Immer war es die Leidenschaft für das Evangelium, die Menschen mobilisiert hat, in den Herausforderungen und Situationen der Menschen Räume zu schaffen, in denen das Evangelium erfahrbar war. So entstanden Initiativen im Blick auf junge Familien, an Stränden, in Cafés und eigentlich an jedem möglichen und unmöglichen Ort – und dann konfigurierte sich aus dieser Leidenschaft eine Gemeinschaft, die aus dem Evangelium ihr Leben zu gestalten begann.

Es ist diese Leidenschaft des Herausspringens, des Ur-Springens, die dem Evangelium neue Räume eröffnet, und so vielen Menschen eine Erfahrung heilender Liebe schenken kann. Und daraus wachsen dann neue Gestalten der Kirche, die glaubwürdig sind, weil sie eben jene tiefe Menschlichkeit bezeugt, die ihrerseits das tiefste Zeugnis göttlicher Liebe ist – und ebenjene Begegnung mit dem Geheimnis ermöglicht.

Das macht Kirche in Zukunft fließend und flüssig. Denn sie lebt nicht an reservierten Orten, sondern die Tiefe der Begegnung, die Tiefe des Sich-Einlassens auf die Kultur, auf Nöte und Herausforderungen, schafft neue Orte, die aber immer wieder neu, immer wieder verschieden, immer wieder anders konfiguriert werden und dabei nicht einer vorgestanzten Gestalt entspringen, sondern dem tiefsten Wünschen und Sehnen der Menschen, mit denen wir das Evangelium am konkreten Ort leben.

Eigentlich ist es ganz einfach: Sie ist immer »da« und »nah«, wo das Evangelium mit Leidenschaft und Begeisterung gelebt wird, Menschen sich einlassen und ihren Ort verlieren, um mit denen, die »da« sind, das Abenteuer des Evangeliums zu leben.

Freiheit und Verbundenheit

Die eine Kirche, sie ist nicht aufgespalten in Konfessionen, sie ist nicht ein Summarium an Denominationen, sie ist ein Geschenk: dass nämlich Christus Menschen verbindet durch Menschen, und dass wir uns – an den unterschiedlichsten Orten – in dieser Lebenswirklichkeit treffen können, das Licht seiner Gegenwart austauschen und uns senden lassen.

Ich träume nicht nur davon, ich erlebe es: in Basisgemeinschaften auf den Philippinen, in postmodernen Konferenzen von Suchenden, in Kirchengemeinden, in den »fresh expressions«. Überall erlebe ich die tiefe Verbundenheit, die sich aus dem Glauben ergibt – und zugleich Freiheit und Verbundenheit, denn genau das will ja Kirche sein. Wenn Glauben und Kirche aus dem Vollzug der wechselseitigen Liebe, der Solidarität von Menschen – in welcher Kultur auch immer – wachsen und werden, dann zeigt sich von dieser »Grundcodierung« der Beziehung her, von der Leidenschaft der

Liebe und der Begeisterung für die Sendung aus die
Vielfalt der möglichen Konfigurationen und Gestaltun-
gen, der möglichen »Kirchenmoleküle«, die alle dieselbe
Gründung haben: Ekklesiogenesis – das ist eine ständi-
ger Prozess wechselnder Konstellationen, die auf ihre
Weise immer die eine Wirklichkeit bezeugen: Christus
lebt unter uns – er ist die Hoffnung auf Herrlichkeit.
(vgl. Kol 1,26)

Ekklesiogenesis. Kirche ist im Werden und bleibt es.

Das neue Hinhören

Aber damit dies gelingen kann, braucht es das Hinhören. Es ist kein Zufall, dass ich in den aufbrechenden
Erfahrungen immer und überall eine Bereitschaft, eine
Erfahrung, eine Leidenschaft des Hörens wahrnehmen
konnte, die mich beeindruckte. Es waren die Gemein-
schaftserfahrungen lokaler Gemeinden mit dem Wort
Gottes, die ihr Leben prägten, ihr soziales Engagement
und ihr alltägliches Leben. Es war immer eine gemein-
schaftliche Praxis, ein gemeinsames Hinhören, das zum
einen im Evangelium gründete, und dabei zum anderen
zutiefst hineinhörte in die Welt, in die Sehnsucht und
Not der Menschen.

Daraus wächst die Praxis einer hörenden Weggemein-
schaft. Ja, die kirchliche Gemeinschaft der Zukunft übt
und lebt eine Unterscheidung der Geister, lebt eine aus-
geprägte Synodalität. Dazu braucht es natürlich Wege
der Einübung, vor allem auch in meiner katholischen
Kirche, aber nicht nur da. Es geht ja immer darum, gemeinsam den Weg herauszufinden, den Gott mit uns
heute gehen will. Und das setzt voraus, dass die Erfahrungen etwa der geistlichen Gemeinschaften und

Orden, aber auch vieler evangelikaler Kirchen stärker ins Licht gerückt werden.

Mich hat sehr beeindruckt, wenn ich in den vergangenen Jahren von der reichen Erfahrung der Jesuiten gehört habe. Die Erfahrungen eines Generalkapitels, bei dem wirklich ein gemeinsames Hören stattfinden konnte, setzen allerdings auch voraus, dass ein großer Freiheitsraum da ist, in dem alle mitwirken und teilhaben können – und, wie im Fall der Gemeinschaft der Benediktiner, vor allem auch die jungen Mitglieder Wichtiges zu sagen haben. Mich beeindruckt, wie in anglikanischen Gemeinschaften in langen Prozessen darum gerungen wurde, wie und wer gesandt wird, um neue Gemeinden zu gründen. Mich hat tief berührt, wie in »Small Christian Communities« in Indien gemeinsam darüber nachgedacht wurde, wie im Licht des Wortes Gottes und angesichts der Herausforderungen des Umfelds zu handeln wäre. Überall scheint durch, dass das gemeinsame Hören, Unterscheiden und Entscheiden zur Grundpraxis kirchlicher Zukunft werden wird.

Ich kann mir keine Kirche der Zukunft vorstellen, die nicht aus diesem umfassenden Hören lebt.

»Mitschwimmen ...«

Kirche ist im Werden. Das gilt grundsätzlich und zeigt sich im vielfältigen Gefüge entstehender und vergehender Konfigurationen, die doch alle immer wieder auf den einen Christus verweisen. Das gilt in Zukunft aber auch im Blick auf eine Entwicklung, die Kirchenentwicklungsprozesse auch aus der Perspektive der werdenden Christen betrachtet. Deswegen kann ich mit einem Bild, **163** das Michael Moynagh geprägt hat, sehr viel anfangen: Er spricht davon, dass wir Kirche als Swimmingpool verstehen könnten, in dem sich die vielen Christen (und auch die verschiedenen Gemeinschaften, die sich mit ihnen bilden) in sehr unterschiedlicher Weise auf ihrem Glaubensweg befinden. Während die einen gerade schwimmen lernen, sind andere schon länger dabei – aber sie gehören alle zusammen, sie schwimmen alle gemeinsam.

Und ich möchte noch hinzufügen: Der Aspekt des Lernens, des Werdens, der »discipleship« – er wird eine zentrale Rolle in einer Kirche der Zukunft spielen. Christsein ist wie Kirchesein nicht einfach vorfindbar – es geht um Prozesse und Reifung, die im Miteinander ermöglicht und gestaltet werden. Es ist nicht zufällig, dass Glaubenskurse für viele Gemeinden und Kirchen der Ausgangspunkt für ihr Werden und Wachsen sind. Dieses Werden und Wachsen der Jüngerinnen und Jünger ist gerade in den kommenden Jahren zentral. Dabei geht es eben nicht nur um Einzelne, die hinzukommen und dann »integriert« werden sollen in eine bestehende und schon reif glaubende Gemeinschaft – es geht vielmehr um Jüngerschaft in Gemeinschaft, um gemeinsame Wachstumsprozesse.

In den wachsenden Gemeinschaften und Gemeinden, die ich kennenlernen durfte und darf, gehört die Wachsamkeit für den Wachstumsweg der Christinnen und Christen zum zentralen Merkmal des Weges, den sie gehen. Und das bedeutet auch, dass immer wieder wachsam nach den nächsten Wachstumsschritten gefragt wird – und wie der weitere Weg der Gemeinschaft gefördert werden kann.

Mut zur Gründung

Die Kirche der Zukunft lebt also aus einer leidenschaftlichen Begeisterung. Und damit ist sie eine unternehmerische Kirche, eine Gemeinschaft, die immer wei-
terwachsen will. Das Unternehmerische liegt in ihrem
Wesen. Immer wieder wird sie sich vervielfältigen. Alle
Gaben werden dafür aktiviert, viele beteiligen sich in
dem Maß, wie sie es spüren – aber der eigentliche Hintergrund liegt ja darin, dass die Gemeinschaft der Glaubenden die Gewissheit hat, dass ihr alle Gaben gegeben
sind, um die Leidenschaft für das Evangelium an allen
Orten dieser Welt einzubringen.

In der Tat: Überall, wo sich Gemeinden bilden und
wachsen, wird auch deutlich, dass diese Gemeinschaften nur *eine* Antwort sind, dass sie dennoch immer irgendwie exklusiv sind. Nun ist aber die Leidenschaft
für das Evangelium nicht begrenzbar, der Geist treibt
weiter. Es geht immer um alle, alle Menschen, weil –
wie wir beschrieben haben – die Sehnsucht Gottes und
seine Liebe allen gilt.

Das führt ins Gründen, das führt in den immer wieder
neuen Ursprungsimpuls: das Geschenk, das das Evangelium ist und die Gemeinschaft, die aus ihm wächst,
an allen Orten und für alle Menschen erfahrbar zu machen.

Dazu braucht es eine ziemlich grundlegende Veränderung der Mentalität. Oft waren wir daran gewöhnt, dass
es Kirche schon gibt und man Menschen einfach nur
»integrieren« bräuchte. Das stimmt aber nicht. Denn
einerseits ist es eben der eine Christus, der die Men-

schen in seiner Kirche sammelt, eint und sendet, dies aber andererseits in unzähligen Gestaltkonfigurationen tut. Und so wäre zu ermutigen, dass Menschen in ihrer Leidenschaft für das Evangelium in den Kontexten ihres Lebens neue Formen des christlichen Lebens erwachsen lassen.

Diese »Ekklesiopreneure« – so nennt sie der Aachener Theologe Florian Sobetzko – hat es immer wieder gegeben in unseren Kirchen: die unbequemen Begeisterten, die leidenschaftlichen Gründerinnen und Gründer, die sich zu allen Zeiten mit ganzer Leidenschaft für die Menschen wiederfanden in werdenden Gemeinschaften. Die Kirchengeschichte ist ein kontinuierliches Gründungsgeschehen – in unglaublich kreativen Facetten. Und das liegt auch vor uns. Ich wünsche und träume mir für die Zukunft viele Gründerinnen und Gründer, die sich vom Geist Jesu Christi packen und mitreißen lassen – und so der Kirche von morgen ein noch vielfältigeres Gesicht schenken. Täusche ich mich – oder ist dieser Prozess nicht schon im Gange?

Den Ursprung feiern

Und nicht nur, weil ich katholisch bin: Ich bin sehr sicher, dass die Kirche der Zukunft leben und wachsen wird, wenn ihre Mitte immer wieder neu die Feier der Liturgie ist. Im Hintergrund dieser These stehen viele Erfahrungen. Ambivalente Erfahrungen – das sei zugegeben. Auf der einen Seite geben viele Menschen an, dass sie Gottesdienste langweilig finden. Sie verstehen die Sprache nicht, sie verstehen die Zeichen nicht – alles wirkt wie aus einer anderen Welt, fremd und nicht lebensbezogen. Und auch leiden viele Menschen, die zu Gottesdiensten und Liturgien gehen, darunter, dass diese Feiern alles andere als Feiern sind: Sie werden zuweilen lieblos »durchgezogen«, vorgelesen, sind inhaltsfrei und musikalisch entweder oversized oder schrecklich schlecht.

Und dennoch gibt es auch ganz andere Erfahrungen. Wer erlebt hat, wie in Taizé Gottesdienste gefeiert werden, in denen junge Menschen gebannt und begeistert dabei sind und mitmachen, wenn man erlebt, wie Segensgottesdienste und andere Gottesdienste Menschen zu Tränen bewegen – dann wird deutlich, was Liturgien eigentlich meinen: Hier wird der Ursprung gegenwärtig in Zeichen und Handlungen, in Feier und Musik.

In den vergangenen Jahren durfte ich in kreativen Familiengottesdiensten erfahren, wie sehr das zeichenhafte Feiern, die Symbole und die Musik in ganz einfachen Gottesdiensten Menschen aller Altersgruppen zutiefst prägt, in eine Erfahrung hineinnimmt, die sich »vom Kopf her« gar nicht erschließen lässt, aber den Menschen von innen her tief ergreift. Die Erfahrungen kontextueller und inkulturierter Liturgien, die aus dem Schatz der Tradition schöpfen und diese in ein neues Licht rücken, können Menschen noch tiefer ergreifen als jede rationale und klug gedachte Rede.

Das ist faszinierend. Und es ist klar, dass hier ein wichtiger Akzent der Zukunft der kirchlichen Gemeinschaften liegt. Und ebenso klar ist es auch, dass nicht die eine Feierform für alle gleich sein kann. Offensichtlich sind auch Liturgien und gottesdienstliches Feiern jeweils zu orientieren an dem Weg, den eine Gemeinschaft in ihrem Glaubenswachstum geht. Und klar ist, dass es Wachstumsmöglichkeiten gibt.

Mich hat die Erfahrung der anglikanischen Gemeinde »church on the corner« in London sehr bewegt. Der Pfarrer erzählte uns, wie er mit seiner Gemeinde von jungen Professionals in der Innenstadt von London die Gottesdienste entwickelte: Es stellte sich heraus, dass sie immer mehr Predigtzeit brauchten. Wenn er anfangs an fünf Minuten gedacht hatte, so waren es am Ende 25 Minuten. Es kann aber auch so sein, wie mir ein Kollege aus seiner Gottesdiensterfahrung im Tattoostudio erzählte: »Mehr als sieben Sekunden geht nicht ...«

Diese Erfahrungen sind nicht neu: Schon die alte Kirche kannte die Rede von der »Arkandisziplin«. Gemeint war hier: Was im Gottesdienst gefeiert wird, muss den existenziellen Erfahrungen der werdenden Christinnen und Christen entsprechen. Deshalb entstand eine altchristliche Einführung in den Glauben, die Schritt für Schritt hinführte in den Ursprung des Glaubens, und dabei die Glaubensfeiern an die Lebensschritte der Einzuführenden knüpfte.

Ganz konkret wird dies bedeuten, dass die Zukunft der Gemeinschaften und Kirchen auch daran hängen wird, wie es gelingen wird, Liturgien für Glaubenssuchende, Liturgien und Gottesdienste für Wachsende zu gestalten. Die Schätze der Tradition der Kirchen bieten hier sehr viel Erfahrungen. In all diesen Feiern will das Ursprungsgeheimnis allen Christseins, die Gegenwart des Geistes Christi, gefeiert und zeichenhaft erlebbar werden. Denn so wird erfahrbar, dass wir nicht aus eigener Kraft leben, sondern aus der Kraft Christi. Ganz klar: Die Feier der Eucharistie wird also auch in Zukunft die innerste Mitte der Kirche sein, aber sie wird in einer neuen Dynamik stehen. Auf der einen Seite wird die grundlegende Perspektive sehr unterschiedlicher Glaubenswege und Glaubensbiografien die Kirchen immer wieder mit der Frage herausfordern, welche Form die Liturgien und Gottesdienste haben müssen, damit für die Gemeinschaft der Glaubenden das Ursprungsgeheimnis des Glaubens in ihrem Lebenshorizont erfahren werden kann.

Und auf der anderen Seite wird dies auch die Feier der Eucharistie, des Herrenmahles, verändern. Das ist in der Tat ein langer Weg. Aber je mehr Christen aus der Kraft der Begegnung mit Christus leben lernen, desto deutlicher wird auch, dass die uralten eucharistischen Liturgien Licht und Leben gewinnen werden, wenn sie als Ausdruck des Lebens der Gemeinschaft sorgfältig gestaltet und gefeiert werden: Zentral ist ja, dass sich in ihnen das Geheimnis des Glaubens und der Kirche lebendig erfahren lässt: der lebendige Christus, der uns in einer umfassenden Gemeinschaft sammelt.

Kirche steht Kopf

Ist dies alles noch katholisch oder evangelisch? Wird hier die Kirche nicht auf den Kopf gestellt? Könnte man nicht dieser Vision vorwerfen, sie vergesse die theologischen Grundstrukturen? Wo bleibt das Amt, wo bleiben Glaubensbekenntnisse? Wo bleiben die Sakramente? Und wo bleibt die rechtliche Struktur der Kirche? Wird hier nicht viel zu charismatisch oder sogar schwärmerisch über die Zukunft von Glauben und Kirche nachgedacht?

Das sind gewichtige Fragen. In der Tat. Kirche wird hier anders angeschaut, von ihrem Leben, von ihrer charismatischen Kraft her, die ich in ihr überreich entdecke und erlebe. Und wahr bleibt ja: Glauben und Kirche entstammen nicht den Strukturen, sondern dem machtvollen Wirken des Geistes in dieser Welt, heute und zu allen Zeiten. Und in einer Umbruchszeit, in der Strukturen und Rollen, Traditionen und Theologien immer mehr in Frage geraten, gilt es, neu auf das Geheimnis des Werdens aus dem Ursprung zu schauen.

Und alle Strukturen der Kirche, so wichtig und theologisch wie praktisch unverzichtbar sie mir sind, sind doch im Dienst an genau diesem Ursprung. Alle Dienste und Ämter in der Kirche, vom Papst bis zum Theologen stehen im Dienst an den werdenden Christen und am Ursprung des Glaubens. Die Feier der Sakramente, die Verkündigung des Evangeliums, die unterstützende Begleitung in den Werdeprozessen des Glaubens sind die Kernaufgaben dieser Dienste.

Und natürlich gehören in diesen Zusammenhang auch Katechese und Theologie. Ich bin überzeugt, dass mit dem Umbrechen der Glaubenswege und den Werdeprozessen der neuen Gemeinschaftsformen im Glauben auch die Theologie neu werden muss. Ich träume von einer Theologie, die aus dem geistbewegten und geisterfüllten Leben der Menschen, die sich auf den Glaubensweg machen, ein neues Denken schöpft, das relevant und kreativ ist und zugleich von den erlebten Erfahrungen her die eigenen Traditionen neu versteht und in die Gegenwart übersetzt.

Ich bin also ziemlich optimistisch, dass die hier vorgelegten Gedanken keinesfalls zu einer schwärmerischen Auflösung der Kirchen führen. Ganz im Gegenteil: Ich denke, dass die gewachsenen Strukturen und Vollzüge, die Erfahrungen der Theologie und die Geheimnisse der Liturgie wesentlich dazu beitragen, dass dieser Wandel geschieht. Allerdings: Man braucht eine katholische Weite, die ohne Angst in der Wirklichkeit von heute Gottes Gegenwart neu entdeckt. Man braucht eine evangelische Tiefe, die aus den Quellen des Ursprungs schöpft und den Reichtum des Evangeliums in den vielen Traditionen bewahrt und zugleich neu formuliert.

Woran mir aber gelegen ist: Erst wenn Kirche nicht mehr zuerst Struktur ist, sondern Leben aus der Kraft des Geistes, finden auch Struktur, Amt, Dogmatik und Recht ihren richtigen Ort. Und also braucht man jenen Geist der Orthodoxie, aus dem der frühere Partriarch Athangoras formulierte: »Ohne den Heiligen Geist ist Gott ferne, bleibt Christus in der Vergangenheit, ist das Evangelium toter Buchstabe, die Kirche eine gewöhnliche Organisation, die Autorität Herrschaft, die Mission Propaganda, der Kult Beschwörung, und das christliche Handeln Sklavenmoral. Aber in Ihm: ist der Kosmos erhoben und seufzt im Gebären des Königsreiches, ist der auferstandene Christus da, ist das Evangelium Macht des Lebens, bedeutet die Kirche trinitarische Gemeinschaft, die Mission ein Pfingsten, die Liturgie

Gedächtnis und Vorgeschmack, wird das menschliche Handeln vergöttlicht.«

Genau um diese Vision geht es.

Wachstum aus erneuerbaren Energien

Wir leben in bewegten Umbruchszeiten. Umbruch gibt es nicht nur in der Kirche. Im Zusammenhang mit den Bemühungen um eine angemessene Ökologie auf unserem Planeten bemühen sich viele Politiker und Staaten um eine umweltfreundliche Energiewende. Und es scheint an vielen Orten – aus Not und Einsicht – eine Wende hin zu erneuerbaren Energien zu geben: Windkraft, Sonnenenergie und Wasserkraft sind eben grundsätzlich andere Formen der Energiegewinnung als das Verbrauchen fossiler Energien unseres Planeten.

Für mich ein schönes wie passendes Gleichnis. Denn auch Glauben und Kirche wachsen und werden nicht aus fossilen Energien: Es ist eine Illusion, dass man die Vergangenheit und ihren Reichtum an Glauben, Kirche, Strukturen und Erfahrungen einfach weiterverbrauchen kann, um die Zukunft zu sichern. Es ist auch in Deutschland eine Illusion, aufgrund vorhandener Geldmittel und Personalressourcen die Kirche neu zu gestalten – all das kann helfen, aber es ist nicht die Erneuerung, nach der wir uns sehnen.

Antwort auf unsere Sehnsucht gibt nur der Geist Gottes. Und der ist reichlich vorhanden. Wir besingen das gerne: »Der Geist des Herrn erfüllt das All.« Also geht es darum, sein Wehen und Wirken wahrzunehmen, sich in den Wind zu stellen, die geschenkte Energie des Lichts und der Liebe einzusammeln und zu teilen – und die gewaltige Kraft zuzulassen, die »das Angesicht der Erde (und auch der Kirche) erneuert«, wie ein altes Gebet sagt.

Um diesen Perspektivwechsel hin zu Glauben und Kirche geht es mir.

Für alle Lebensliebhaber bietet das Gütersloher Verlagshaus Durchblick, Sinn und Zuversicht. Wir verbinden die Freude am Leben mit der Vision einer neuen Welt.

UNSERE VISION EINER NEUEN WELT

Die Welt, in der wir leben, verstehen.

Wir sehen Menschlichkeit als Basis des Miteinanders: Mitgefühl, Fürsorge und Beteiligung lassen niemanden verloren gehen. Wir stehen für gelingende Gemeinschaft statt individueller Glücksmaximierung auf Kosten anderer.

....

Wir leben in einer neugierigen Welt: Sie sucht ehrgeizig und mitfühlend Lösungen für die Fragen unseres Lebens und unserer Zukunft. Wir fragen nach neuem Wissen und drücken uns nicht vor unbequemen Wahrheiten – auch wenn sie uns etwas kosten.

....

Wir leben in einer Gesellschaft der offenen Arme: Toleranz und Vielfalt bereichern unser Leben. Wir wissen, wer wir sind und wofür wir stehen. Deshalb haben wir keine Angst vor unterschiedlichen Weltanschauungen.

**Das Warum und Wofür
unseres Lebens finden.**

**Erfahren, was uns im Leben
trägt und erfreut.**

**Wir helfen einander,
uns selber besser zu verstehen:**
Viele Menschen werden sich erst
dann in ihrem Leben zuhause
fühlen, wenn sie den eigenen We-
senskern entdecken – und Sinn in
ihrem Leben finden.

....

**Wir ermutigen Menschen, zu ih-
rer Lebensgeschichte zu stehen:**
In den Stürmen des Alltags geben
wir Halt und Orientierung. So
können sich Menschen mit ihren
Grenzen aussöhnen und zuver-
sichtlich ihr Leben gestalten.

....

**Wir haben den Mut, Vertrautes
hinter uns zu lassen:**
Neugierde ist die Triebfeder eines
gelingenden Lebens. Wir wagen
Neues, um reich an Erfahrung zu
werden.

**Wir glauben an die Vision
des Christentums:**
Die Seligpreisungen der Bergpre-
digt lassen uns nach einer neuen
Welt streben, in der Vereinsamte
Zuwendung, Vertriebene Zuflucht,
Trauernde Trost finden – und
Gerechtigkeit, Barmherzigkeit
und Frieden herrschen.

....

**Wir geben Menschen die
Möglichkeit, den Glauben (neu)
zu entdecken:**
Persönliche Spiritualität gibt
Kraft, spendet Trost und fördert
die Achtung vor der Schöpfung
sowie die Freude am Leben.

....

**Wir stehen mit Respekt vor
der Glaubenserfahrung anderer:**
Wissen fördert Dialog und Verständnis, schützt vor Fundamen-
talismus und Hass. Wir wollen
die Schätze anderer Religionen
kennenlernen, verstehen und
respektieren.

GÜTERSDIE
LOHERVISION
VERLAGSEINER
HAUSNEUENWELT

Bibliografische Information der Deutschen Nationalbibliothek

Die Deutsche Nationalbibliothek verzeichnet diese Publikation
in der Deutschen Nationalbibliografie; detaillierte bibliografische
Daten sind im Internet über https://portal.dnb.de abrufbar.

Druck | ID 12559-1708-1001

Verlagsgruppe Random House FSC® N001967

1. Auflage
Copyright © 2018 Gütersloher Verlagshaus, Gütersloh,
in der Verlagsgruppe Random House GmbH,
Neumarkter Str. 28, 81673 München

Umschlaggestaltung: Gute Botschafter GmbH, Haltern am See
Druck und Bindung: Friedrich Pustet GmbH & Co. KG, Regensburg
Printed in Germany
ISBN 978-3-579-08697-2

www.gtvh.de